Ferdinand Krenzer

Halte deine Seele in die Sonne

Ferdinand Krenzer

Halte deine Seele in die Sonne

Zuspruch zum Leben

Herder Freiburg · Basel · Wien

Bildnachweis:

Rudolf Dietrich Seite 29, 93, 122/123, 139
KNA-Bild Seite 11
Hilde Körnig Seite 54/55
Skulptur von Carl Milles (Stockholm) Seite 69
Karsten de Riese Seite 169
Franz Wellek Seite 153
Hans Samson / Laura Rous Umschlag

Zweite Auflage

Imprimatur. – Freiburg im Breisgau, den 3. Dezember 1982
Der Generalvikar: Dr. Schlund
Herstellung: Freiburger Graphische Betriebe 1983
ISBN 3-451-19780-4

Vorwort

Bei der Korrespondenz mit unzähligen Beziehern der Glaubensbriefe der Katholischen Glaubensinformation in Frankfurt erfahre ich immer wieder, wie sehr kleine Impulse gesucht sind, die den Alltag erhellen, die Mut und Hoffnung geben für die nächsten Stunden.

Die einzelnen Beiträge dieses Buches sind z. T. als „Zuspruch am Morgen" im Hessischen Rundfunk gesendet worden. Der Verfasser möchte darin Erfahrungen mit dem eigenen Glauben weitergeben. Derartige Erfahrungen sind an jedem Tag anders, darum sind die einzelnen Themen in einem gewissen Sinne zu-fällig. Aber gerade das, was uns auf diese Weise zufällt, auffällt, ist immer etwas, was auf den Sinnzusammenhang unseres Lebens – letztlich auf Gott – hinweisen kann und will. „In seinem Licht sehen wir Licht" (vgl. Ps 36), auch noch da, wo vieles düster erscheint. Vielleicht helfen die kurzen Besinnungen aus dem Schatten des Alltags herauszutreten, die Seele, sich selbst, diesem Licht, dieser Sonne auszusetzen.

Ich widme dieses Buch in freundschaftlicher Verbundenheit meinem Mitbruder im Oratorium Dr. Alfons Kirchgässner.

Frankfurt a. M., Januar 1983   *Ferdinand Krenzer*

Inhalt

Inhalt

In der Finsternis kommt das Licht zum Leuchten

Johannes 1,5

Licht – selbst noch in einer Pfütze.
Ein Stück Himmel auf der Erde.
Ein Stück Sonne dort, wo wir sonst achtlos vorüberlaufen.
Glanz auf der Straße, die wir jeden Tag gehen.
Für einen Augenblick wird diese Straße transparent, durchsichtig.
Wie durch ein Fenster sehen wir, was „dahinter" liegt.
Der Alltag zeigt sich als eine dünne Decke.
Und was „dahinter" liegt, entspricht dem, was über uns ist.

Jetzt kann auch der, der ganz am Boden liegt,
erkennen, daß es Sonne gibt und Licht.
Und selbst, wenn er sie nur einen Augenblick lang,
dieses einzige Mal gesehen hätte ...
kann er noch daran zweifeln, daß es sie gibt?
Trotz Schmutz, Dreck, Niederlagen ...
Den Schatten werfen Säulen, die Menschen gebaut haben.
Wir selbst sind es, die Licht in Schatten verwandeln.

Das Licht leuchtet in der Finsternis,
im Dunkeln, in der Pfütze.
Die Bibel stellt diese Kontraste nebeneinander.
Sie beschönigt nichts:
Es gibt die Vergänglichkeit, das Unansehnliche, die Gosse.
Wir brauchen das Dunkle nicht zu leugnen,
nicht in uns, nicht um uns;
denn wir wissen von dem Licht.
Seit Christus unter uns gewohnt hat,
wissen wir, daß es Sinn in dieser Welt gibt.
Schmutz bleibt Schmutz, aber er wird durchsichtig,
er bekommt Farbe, weil Gott sich nicht gescheut hat,
sich auch darin zu offenbaren.

Licht in der Pfütze

Gute Fotografen sehen mehr als andere Menschen. Sie wollen deshalb auch nicht nur den Gegenstand oder die Person im Bild festhalten, sondern zugleich die Stimmungen, Hintergründiges sichtbar werden lassen. Deshalb nehmen sie Dinge auf, an denen andere achtlos vorübergehen. Sehen andere dann aber das Foto, dann gehen ihnen die Augen auf über das, was sie vorher übersehen haben. „Wie konnte ich nur so blind sein!"

Ich sah kürzlich ein Foto von einer Pfütze. Sie haben richtig gelesen: von einer Wasserlache auf Steinfliesen. Nie wäre ich auf den Gedanken gekommen, eine Pfütze zu fotografieren. Was ist schon an einer Pfütze: graues schmutziges Wasser. Der Fotograf hatte offenbar mehr gesehen. Er hatte gesehen, daß diese Pfütze eben nicht nur grau war, sondern daß sich darin hellblauer Himmel spiegelte; und daß die Sonne großartige Lichtbrechungen auf das Wasser zauberte, so daß jedes kleine Steinchen in der Pfütze darin aufblitzte.

Licht in der Pfütze. Ich habe mir dieses Bild ausgewählt, um es als Weihnachtsgruß zu verschicken. Gegen die Winterlandschaften als Weihnachtsgruß habe ich ohnedies etwas. Was hat das schon mit Weihnachten zu tun? Aber auch die Krippenbilder habe ich diesmal beiseite gelassen. Licht in der Pfütze! Das schien mir genau das wiederzugeben, was Weihnachten mir bedeutet: ein Stück Himmel auf der Erde, ein Stück Sonne dort, wo wir nur Schmutz vermuten, wo wir gewöhnlich einen großen Bogen machen. Glanz auf der Straße, die wir jeden Tag gehen, oft achtlos gehen. Heißt es nicht in der Hl. Schrift: „Das Licht leuchtet in der Finsternis" (Joh 1,5), im Dunkel? Warum nicht in der Gosse, in der Pfütze? Wir brauchen es also nicht nur oben zu suchen, im Himmel. Wir können es mitten im Alltag entdecken. Ehre sei Gott – nicht nur in der Höhe!

Von Martin Buber stammt die folgende kleine Erzählung: Ein Rabbi wurde gefragt, warum so viele Menschen Gott nicht begegnen können. Der Rabbi antwortete: „Vielleicht, weil sie sich nicht tief genug bücken können." In den kleinsten Dingen, die wir meist übersehen und wie selbstverständlich nehmen, ist oft eine Kostbarkeit enthalten. Man müßte nur den Blick dafür schärfen, dann erkennt man Licht noch in der Pfütze.

Wer ganz am Boden liegt, meint oft, daß es für ihn kein Licht, keine wirkliche Sonne mehr gibt. Aber gerade wer gebückt geht, hat die Chance, tiefer, eindringlicher zu sehen, hinter die Dinge zu schauen. Wenn ich doch so sehen könnte, daß mir alle Ereignisse und Dinge transparent würden, durchsichtig für das, was „dahinter" liegt. Denn was dahinter liegt, ist zugleich das, was über uns ist und wovon wir eigentlich leben. Sehen müßte man können, richtig sehen. So könnte ich selbst dann noch, wenn ich ganz am Boden liege, erkennen, daß es Sonne gibt und Licht. Da, wo keiner es vermuten würde.

„Heiligkeit wäre, einer Wasserpfütze zu gleichen, die als Ganze eine goldene Wolke widerspiegelt; man sieht weder den Schlamm noch das Wasser in ihr, sondern einzig das Licht, dem sie dient, und ohne sie würde man nicht einmal die goldene Wolke sehen" (Adrienne von Speyr).

Der eigene Schatten

Von dem Trappistenmönch Thomas Merton stammt das folgende Gleichnis: Es war einmal ein Mann, den verstimmte der Anblick seines eigenen Schattens so sehr, der war so unglücklich über seine eigenen Schritte, daß er beschloß, sie hinter sich zu lassen. Er sagte zu sich: Ich laufe ihnen einfach davon. So stand er auf und lief davon. Aber jedesmal, wenn er seinen Fuß aufsetzte, hatte er wieder einen Schritt getan, und sein Schatten folgte ihm mühelos. Er sagte zu sich: Ich muß schneller laufen. Also lief er schneller und schneller, lief so lange, bis er tot zu Boden sank. Wäre er einfach in den Schatten eines Baumes getreten, so wäre er seinen eigenen Schatten losgeworden, und hätte er sich hingesetzt, so hätte es keine Schritte mehr gegeben. Aber darauf kam er nicht.

Jeder von uns spürt, daß er einen Schatten mit sich schleppt. Es ist nicht alles Licht und Sonne im Menschen. Jeder hat seine finsteren Gedanken, denen er entfliehen möchte. Es gibt dunkle Stunden, dunkle Erinnerungen. Zu den Schatten gehört auch all das, was das Licht der eigenen Vernunft nicht zu durchdringen vermag; also auch die Grenzen des eigenen Wissens, der eigenen Fähigkeiten. Wer möchte diesen dunklen Punkten im eigenen Leben nicht entfliehen?

Mir begegnen bisweilen Menschen, die meinen, alles, was sie tun, alle Schritte seien falsch. Sie sehen alles und vor allem sich selbst durch eine dunkle Brille. Dadurch wird auch das Gute und Schöne in ihrem Leben verdüstert. Deshalb können sie sich und was sie tun, ihre eigenen Schritte nicht annehmen. Weil sie ihren Schatten nicht ertragen können, laufen sie sich ständig selbst davon.

Wie sagt Thomas Merton: Hätte er sich einfach hingesetzt, so hätte es keine Schritte mehr gegeben, die er hinter sich lassen mußte. Es kommt darauf an, zu sich selbst zu stehen, auch zu seinem Schatten. Und dann mitsamt diesem Schatten in einen anderen Schatten zu treten. „Wäre er einfach in den Schatten eines Baumes getreten,

so wäre er seinen eigenen Schatten losgeworden. Aber darauf kam
er nicht."

In den Schatten eines anderen treten. Ich meine, daß es schon ein
übermächtiger Schatten sein müßte, der so viele menschliche Schat-
tenseiten aufnimmt. Ein Baum oder ein anderer Mensch genügt da auf
die Dauer nicht. Im Psalm 17 heißt es: „Birg mich im Schatten deiner
Flügel." An anderer Stelle lesen wir in der Bibel: „Sie werden in meinem Schatten wohnen" (Hos 14,8). Hier wird also das, was Gott den
Menschen bedeuten kann, als Schatten bezeichnet, der Schutz vor
verbrennender Sonne gewährt; der aber auch alles Dunkel, unser
Dunkel aufsaugt. Die für mich schönste Stelle steht bei Jesaja (49,2):
„Im Schatten seiner Hand verbirgt er mich." Alles Dunkel, das mich
umgibt, ist also nur der Schatten seiner Hände, die mich tragen. Und
darin sind auch mein eigenes Dunkel und mein Schatten mitgetragen.
Sie lösen sich darin auf. Der Schatten Gottes ist immer noch heller als
jedes irdische Licht. Selbst das Leid kann Schlagschatten Gottes sein,
durch den mir gleichzeitig deutlich wird, daß Er nahe ist. Ich darf mich
annehmen mit meinem Schatten, weil Er mich annimmt. Auch heute.

Habt ihr Augen und seht nicht? (Mk 8,18)

Nichts offenbart uns so viel von einem Menschen wie sein Blick, die Art, wie und was er sieht. Es gibt den harten und den stechenden Blick, und es gibt das gütige Sehen. Es gibt Blicke, die töten, und Blicke, die lieben. Es gibt den verschleierten Blick, das blinde Auge, und es gibt das helle, klare Auge.

Wir sehen auch nicht zu jeder Zeit gleich gut. Ich meine jetzt nicht das Nachlassen der Sehkraft im Alter. Zum Beispiel: Haß kann den Blick trüben, Müdigkeit und Angst ihn verengen, Aufmerksamkeit schärft das Auge. Sehen entsteht also nicht nur durch Einwirkung von Lichtstrahlen auf die Netzhaut. Die Wurzeln des Auges liegen im Herzen des Menschen. Sehen ist nicht nur davon abhängig, daß das Organ, das Auge, in Ordnung ist; der ganze Mensch ist daran beteiligt. „Man sieht nur mit dem Herzen gut" – heißt es in „Der kleine Prinz" von Saint-Exupéry.

Darum sieht der Künstler mehr als andere Menschen. Ich erinnere mich daran, daß uns im Zeichenunterricht in der Schule eine grüne Flasche hingestellt wurde, die wir malen sollten. Selbstverständlich haben wir nichts anderes getan, als die Umrisse gezeichnet und den so abgegrenzten Raum grün angemalt. Bis der Zeichenlehrer uns den Blick dafür öffnete, daß die Flasche gar nicht durchgängig grün war: Auf der einen Seite war sie fast schwarz, weil Schatten darauf fiel; auf der anderen Seite sah man sehr deutlich einen hellen Reflex vom Fenster, und darin zeichnete sich das Fensterkreuz ab. So muß einem für manches erst der Blick geöffnet werden.

Vor allem: Wer liebt, sieht mehr. Wenn ich eine Sache liebe, entdecke ich immer neue Nuancen daran, die mich begeistern. Sammler sehen an einem Schmetterling, an einer Briefmarke, an einem Stein mehr als andere Menschen. Sie sind eben „Liebhaber". Erst recht gilt das zwischen Menschen: Erst die Liebe öffnet die Augen ganz für einen anderen.

Oft muß man Geduld haben, um etwas in den Blick zu bekommen: einen Sonnenaufgang oder einen scheuen Vogel. Geduld ist eine Art Liebe, die sehen will. Gibt es nicht das Sprichwort: „Was einer nicht sehen will, das sieht er nicht"? – Es kann auch sein, daß man vor lauter Bäumen den Wald nicht sieht. So kann man gerade das, was vor Augen liegt, oft sehr leicht übersehen: die Brille, die Gattin, eine Not...

Sie kennen die Betriebsblindheit. Da sieht einer in einer blühenden Wiese nur noch das Futter für seine Tiere und im Menschen nur noch den Konkurrenten, der ihm den Parkplatz wegnimmt.

Zum wirklich guten Sehen gehört viel: Wachsamkeit, Aufmerksamkeit, Zeit, Geduld, Wille und vor allem: Liebe. Man spricht davon, daß die Fähigkeit, richtig zu sehen, im Niedergang sei. Vielleicht weil unsere Augen zu viel aufnehmen müssen und deshalb zu wenig im Herzen verarbeiten können.

Wundert es uns, daß man auch Gott übersehen kann, wenn man schon über das Nächstliegende stolpern kann, ohne es zu sehen? Glaube ist eine neue Art zu sehen. Aber der ganze Mensch muß glauben, muß sehen wollen. Maulwürfe sehen nichts, wenn sie ans Licht kommen, weil sie ans Dunkel gewöhnt sind. Die Hl. Schrift fragt uns: „Habt ihr denn keine Augen, um zu sehen?" (Mk 8,18)

An-sichten und Ein-sichten

Gute Bekannte schicken Ansichtskarten mit herzlichen Feriengrüßen auf der einen und einer Hochgebirgslandschaft oder einem unwahrscheinlich blauen Meer auf der anderen Seite. Für einen Augenblick betrachten wir solche Bilder mit ein wenig Sehnsucht; dann liegen diese Karten meist eine Zeitlang irgendwo auf dem Schrank, um schließlich im Papierkorb zu landen. Man kann ja nicht alles aufheben. Ansichtskarten – „An-sichten" auf Papier, von denen man sich leichten Herzens trennt.

Geht es mit vielen Ansichten, die wir im Laufe der Zeit äußern, nicht ähnlich? Wenn wir jemand festnageln wollen: „Sie hatten doch früher eine ganz andere Ansicht vertreten ...", dann antwortet er vielleicht: „Früher – was gehen mich meine Ansichten von früher an!" Ansichten, Anschauungen wandeln sich. So viele Menschen – so viele Ansichten. Zu allem und jedem bildet man sich eine Ansicht: zur Wehrdienstverweigerung, zur Nahostkrise, zu gesellschaftspolitischen Strömungen, zur Religion ... Und wenn neue Sichten hinzukommen, wird die alte Ansicht eben geändert, und das ist richtig so. Ansichten lassen immer eine Vertiefung zu. Aus Ansichten werden dann Einsichten.

Ansichten bleiben an der Oberfläche, wie man sich eben mal etwas „ansieht". – Oder denken wir auch an das „Ansehen", das mancher Mensch nur genießt, weil man keine „Einsicht" in ihn hat. Denn Einsicht heißt: hinter die Oberfläche schauen. Und da können merkwürdige Dinge zutage treten. Die Ansichtskarte läßt z. B. nicht erkennen, daß man es in diesem malerischen Winkel vor Straßenlärm oder Mücken nicht aushalten kann. Das merkt man erst, wenn man hinkommt und hinter das Bild schaut. Zu spät kommt man dann zur Einsicht, daß zum Urlaub mehr gehört als eine schöne Ansicht.

Auch zum Leben gehört mehr als Ansichten. Einsichten aber müssen mühsam gewonnen werden. Das braucht Zeit und ständige Korrektur der Ansichten. Daher sind manche Einsichten erst im Alter zu gewinnen. Es mag sein, daß ein Mensch, der viel gesehen hat, erst einmal die Augen schließen muß, um das, was er gesehen hat, auch einzusehen. Um die Sterne sehen zu können, muß es erst Nacht werden. Deshalb kommen manche Einsichten erst, wenn es dunkel wird im eigenen Leben.

Immer wieder ist in der Hl. Schrift davon die Rede, daß wir sehen und doch nicht sehen (Mt 13, 13; Mk 4, 12 u. a.). Christus erscheint als der, der die Augen öffnet und Blinde heilt. Einen fragt er: „Was willst du, daß ich dir tun soll?" Dieser antwortet: „Herr, ich möchte sehen können." Als wäre nichts einfacher als das, spricht er: „Ich will – sei sehend."

Im Glauben sehen und erkennen wir Dimensionen, die sonst verborgen bleiben. – Sie sagen vielleicht, das seien wieder *An*sichten. Ich gebe zu, von außen gesehen, kann das so aus-sehen. Wenn es aber doch *Ein*sichten wären? Ich meine, es gibt ein Gebet, das wir alle sprechen könnten: „Ich möchte sehen können" (Mk 10, 51).

Aus-sicht

Aussichtspunkte sind als Ziel einer Wanderung beliebt. Es ist Ihnen aber sicher auch schon passiert, daß Sie, wenn Sie nach Jahren wieder einmal einen solchen Punkt aufsuchten, keinerlei Aussicht mehr vorfanden. Alles war zugewachsen. Aber dann kann es sein, daß man 50 Meter weiter eine neue Aussicht entdeckt. Vielleicht ist der Blickwinkel sogar noch schöner als der frühere.

Es kommt entscheidend auf den Standpunkt an, ob man gute Aussicht hat. Wenn ich etwa einem anderen Menschen nur von einer bestimmten „Weltanschauung" her begegne – einem jüngeren beispielsweise nur vom Standpunkt des besserwissenden Älteren her – und nicht bereit bin, meinen Standpunkt unter Umständen auch zu korrigieren, mich auf den Standpunkt des anderen einzulassen, dann bekomme ich dessen Sicht nie in den Blick. Ich kann nicht einmal das Anliegen des anderen verstehen. Das gilt natürlich auch umgekehrt. Viele Gegensätzlichkeiten und Spannungen heute kommen daher, daß jeder von seinem Standpunkt aus die Dinge sieht: der Arbeitgeber oder der Arbeitnehmer – der Besitzende und der Proletarier – schwarz und weiß – Ost und West – Christen und Nichtchristen ... Man kann die Liste beliebig fortsetzen. Ist es erst einmal gelungen, dem anderen einsichtig zu machen, wie und warum man die Sache so sieht, nähern sich die Ansichten oft ganz von selbst.

Vielleicht ist es mit meiner „Aussicht" auf Gott nicht anders. Vielleicht hat sich zu viel dazwischen geschoben und verstellt mir nun den Blick: die Hetze und Sorge um das Nächstliegende, um Beruf und Fortkommen, aber auch Ablenkung oder – Schuld. All das kann mir wirklicher werden als Er, weil der ganze Tag damit vollgestellt ist.

Oder: Mein Stand-Punkt ist einfach falsch; ich habe nicht den rechten Blickwinkel. Ich suche vielleicht in der falschen Richtung, weil eine kindertümliche Erinnerung mich suchen läßt, wo tatsächlich kein denkender Mensch Gott finden kann. Ich stelle mir ihn vielleicht irgendwo über den Wolken vor und meine, daß er nie „nein" sagen dürfe, sondern jederzeit auf meinen drängenden Wunsch hin wunderbar in diese Welt eingreifen müsse. Oder er ist mir in Erinnerung als eine Art himmlischer Polizist, der strafend und drohend für Ordnung sorgt; ein Moralwächter, der immer nur Forderungen an mich hat und dem gegenüber die Aussicht, ihn je zufriedenzustellen, gleich Null ist. Alles wirklich keine schönen „Aussichten". Kein Wunder, wenn ich da des Ausschauens nach ihm müde geworden bin.

Gott ist zu groß, als daß ich ihn in einem so kleinen Blickwinkel suchen dürfte. Ich brauche größeren Abstand von den Kleinigkeiten des Alltags. Um wirklich weite Aussicht zu gewinnen, muß ich vielleicht höher steigen. Wenn ich heute einmal innehalte in der Hetze, die mich treibt, meinen Blick einmal löse von den Alltagsproblemen, sozusagen einen Schritt beiseite trete, vielleicht sehe ich dann an einem Menschen, mit dem ich täglich umgehe, ganz neue, bisher nie gesehene Seiten, die ihn liebenswerter machen. Und wenn ich erst einmal gelernt habe, den *Menschen* neben mir besser in den Blick zu bekommen, ist die Aussicht, auch Spuren *Gottes* zu entdecken, größer geworden.

Vor-sicht

Wir kennen die Durchsage über Lautsprecher vor der Einfahrt und Abfahrt der Eisenbahnzüge: „Vorsicht an der Bahnsteigkante!" Vorsicht ist im Zeitalter der Geschwindigkeit und Technik überall geboten: im Straßenverkehr wie am Arbeitsplatz.

Vorsicht hat mit Voraus-Sehen zu tun. Autofahrer haben Übung darin. Sie überblicken die Straße auf weite Strecken hin und rechnen sogar mit der Möglichkeit, daß *Un*-vorhergesehenes auftauchen könnte.

Damit ist bereits gesagt, daß Voraussicht ihre engen Grenzen hat. Wir überschauen eigentlich immer nur die nächsten Schritte. Da haben wir eine gewisse Sicherheit, daß es – wie erwartet – ablaufen wird. Aber selbst das unmittelbar vor uns Liegende kann plötzlich durchkreuzt werden: Ein unerwarteter Besuch kommt, eine Straßenbahn kommt nicht, ein Telefonanruf schiebt sich dazwischen – und schon läuft alles anders als geplant. Manchmal ist es gut, daß wir nicht *mehr* voraussehen können. Es würde uns vielleicht lähmen.

Aus lauter Vorsicht werden viele Menschen übervorsichtig, ängstlich; man weiß ja nie, wie alles kommt. Vor lauter Vorausdenken kommen sie nicht zum Handeln. – Die meisten Menschen aber haben – bei aller Unsicherheit der Zukunft gegenüber – ein Vertrauen, daß auch in den nächsten Tagen und Wochen das Leben weitergeht, und treffen ihre Vorsorge; sie lassen nicht einfach alles gehen und treiben, sie machen Pläne. „Wenn nichts Un-vorhergesehenes dazwischenkommt", sagen sie vorsichtigerweise.

Wirklich voraussehen kann nur Gott, der Herr. Aber das ist kein kaltes Vorherwissen, sondern ein Vor-*sehen*. Wir sprechen von der Vorsehung. Dieses Wort hat einen zuversichtlichen, vertrauenden Akzent. Gott hat etwas Gutes mit uns vorgesehen, er hat uns geplant und will uns zu gutem Ende führen. Es wäre das beste für uns, wenn wir uns an diesen Plan hielten. Gott sieht zwar voraus, daß wir das nicht in allem tun werden, daß wir darum auch üble Erfahrungen machen werden, aber er sieht das nicht vor. Sein Plan mit uns ist besser.

Was gibt uns denn den Mut, täglich zuversichtlich den Tag zu beginnen? Was gibt vor allem alten Menschen die Kraft, noch zu hoffen, wenn nicht das Vertrauen, daß immer noch etwas Gutes für uns vorgesehen ist? Jeder von uns kann in diesem Sinne vor-sehen helfen. Ein gutes Morgengebet beispielsweise sieht den Tag vor sich und plant ihn. Wichtiger noch, daß wir von vornherein etwas vorsehen für einen Menschen neben uns. Ich meine das ganz konkret: eine Aufmerksamkeit, eine Überraschung, ein gutes Wort, eine Besonderheit zum Abendessen, einen Brief, eine Hilfeleistung ... Man kann einem anderen einen Wunsch im voraus von den Augen ablesen. Wir wissen doch, daß Gott kaum unmittelbar in diese Welt eingreift, daß er aber vielleicht durch uns handeln will. In seine Vorsehung sind wir eingeplant. In diesem Sinne: bitte *Vor*-sicht!

Blickwinkel

Eine Zeitungsmeldung: Eine arme Frau in einer Hafengasse von Marseille hatte jahrelang ein Fenster mit einer armseligen Pappe verklebt. Als ihr ein Arzt bei der Behandlung ihres Kindes ein paar Francs für eben diese Pappe bot, willigte sie erstaunt, aber froh in den Handel ein. Später erfuhr sie, daß geschickte Restauratoren ihren Pappdeckel in das lang verschollene Gemälde eines alten Meisters zurückverwandelt hatten. Die Pappe war auf einmal sehr teuer geworden.

Geht es mir nicht auch so, daß ich die meisten Kostbarkeiten dieses Lebens übersehe und für nichts erachte, weil sie alltäglich geworden sind und ich mich daran gewöhnt habe? Den Regentropfen, der am Fenster herunterrinnt; die Blüte, die sich über Nacht an meinem Kaktus entfaltet hat; das spielende Kind; das runzlige Antlitz eines alten Menschen, das Güte und Verstehen ausstrahlt; eine Aufmerksamkeit, die mir geschenkt wurde ... Was würde beispielsweise ein Kranker dafür geben, wenn er heute diesen Tag mit mir tauschen könnte; ein Tag, dem ich vielleicht keine Bedeutung oder keine besondere Freude abgewinnen kann. Was mir nicht erwähnenswert erscheint, wäre einem anderen bereits eine Kostbarkeit: daß ich lebe, gesund bin, Auskommen habe, gute Menschen um mich herum usw. Und was mir *heute* selbstverständlich ist, kann mir selbst vielleicht schon in kurzer Zeit von höchstem Wert sein.

Oft sehen selbst Menschen, die sich sehr nahestehen, dieselbe Sache aus ganz verschiedenen Gesichtswinkeln. Sie sehen dann nicht über den engen eigenen Horizont hinaus. Da freilich erkennen sie jede Kleinigkeit und behalten sie fest in Erinnerung. Sie können nie über etwas hinwegsehen, besonders, wenn sie gegeneinander Vorwürfe erheben. Jeder ist überzeugt, daß seine Sicht die richtige ist; und wie er es vorträgt, hört sich alles ganz logisch an – bis man die andere Seite hört. Manchmal gelingt es, dem einen den Blick für die Sicht des anderen zu öffnen. Er sieht dann etwas von dem, was der andere sieht, und das kann ihm evtl. ganz neue Einsichten vermitteln, ihn umwandeln. Wir haben das alle schon bei einem Vortrag, beim Lesen eines Buches, bei einem guten Gespräch erlebt, daß wir eingestehen mußten: So habe ich das bisher noch nie gesehen; aber das leuchtet mir ein, das hat mir eine ganz neue Sicht vermittelt.

Der Blickwinkel, unter dem ich einen Menschen, eine Sache sehe, ist also wichtig. Nicht jede Sicht ist gleich gut und gleich richtig. Gedankenlosigkeit kann den Blick abstumpfen, Aufmerksamkeit, Besinnung erschließen uns ganz neue Dimensionen, lassen uns die Dinge erst verkosten. Es hängt mit der menschlichen Begrenztheit zusammen, daß ich nicht jeden Augenblick hellwach und in vollem Bewußtsein seiner ganzen Tiefe erlebe. Darum ist es notwendig, daß ich wenigstens gelegentlich die Augen dafür aufschließe. Der Tag wird dadurch froher. Ganz werden uns die Augen erst geöffnet, wenn wir „im Schauen" sind. „Jetzt schauen wir in einen Spiegel und sehen nur rätselhafte Umrisse, dann aber schauen wir von Angesicht zu Angesicht" (1 Kor 13, 12).

Befreiende Sicht

Die Erfahrungen des Lebens schlagen sich oft in Gleichnissen nieder. Aus Indien kommt dieses Gleichnis: Ein hoher Beamter fiel in Ungnade und wurde im obersten Raum eines Turmes eingekerkert. Eines Tages aber hatte seine Frau ein honigliebendes Insekt gefangen. Sie bestrich dessen Flügel mit Honig und band einen Seidenfaden an den Körper des Käfers. Dann setzte sie das Tier mit dem Kopf nach oben an die Mauer, gerade unter das Fenster des Raumes, wo ihr Mann gefangengehalten wurde. Der Käfer kletterte langsam dem Geruch des Honigs nach. Schließlich sah der Gefangene das Tier über die Rampe klettern. Er beobachtete es und entdeckte den Seidenfaden. Vorsichtig befreite er das Tier davon. Dann zog er an dem Faden, der nach einigen Metern in einen festeren Zwirnsfaden überging. Auch diesen zog er empor, und es folgte ein Bindfaden. Daran war schließlich ein starkes Seil geknotet. Der Gefangene konnte sich am Seil herablassen und war frei.

Soweit dieses Gleichnis. An manchen Tagen fühlen wir uns wie eingemauert in die Zwänge des Alltags. Wie ein Turm erhebt sich der Tag vor uns und gibt uns keine Gelegenheit, auszubrechen aus den Pflichten, die Beruf und Familie uns abverlangen. Unsere Seele ist an Hetze und Betriebsamkeit gekettet. Und doch gibt es Möglichkeiten, die aus der Gefangenschaft der Umwelt herausführen. Nicht von allem können wir uns befreien, aber von vielem. Denn viele Zwänge legen wir uns selbst auf.

Hätte sich jener indische Beamte über das Insekt, das da in seine Turmzelle kroch, geärgert und es verjagt, wäre es aus gewesen mit der Befreiung. Und wem geht es nicht so, daß er sich gelegentlich „über die Fliege an der Wand" ärgert, wie das Sprichwort sagt. Gebe ich aber diesem ersten Ärger nach, sehe ich in allem nur das Negative, ist der nächste Ärger nicht mehr weit. Stattdessen könnte ich mich freuen über das Leben, das mir in diesem kleinen Tierchen begegnet. Und damit hätte ich bereits einen ganz dünnen Seidenfaden erwischt, um aus dem Kerker meines Mißmuts herauszukommen. Und wenn ich mich dann durch das Insekt daran erinnern ließe, wie kostbar das eigene Leben, die eigene Gesundheit ist, wäre daraus bereits ein gutes Seil geworden, an dem ich mich herausziehen könnte aus dem Turm des Selbstmitleids, in den ich mich selbst eingemauert habe.

Das Leben sitzt im Detail. Im kleinsten Teilchen habe ich einen Zipfel des Ganzen. Die kleinste Geste der Freundlichkeit, das kleinste Quentchen Geduld, der kleinste Schritt auf den anderen zu, das geringste Entgegenkommen, die Aufmerksamkeit für die kleinen Freuden, die in keinem Alltag fehlen – all das könnte aus den Zwängen meines Lebens herausführen. Wenn ich es nur beachtete.

Wer das Leben um meinetwillen verliert, wird es gewinnen

Matthäus 10, 39

Umgebrochene Scholle,
regennasser Ackerboden;
nicht einladend
wie Wiesen und Felder im Sommer.
Und dennoch Mutterboden,
Boden, der in sich schon den Samen trägt
für eine neue Ernte.
Same verfault und treibt,
geht unter und wird groß –
Halm oder Baum;
aus wenig wird viel.
Gesetz allen Lebens.
Raupe verpuppt sich in der Erde,
um als Schmetterling über ihr zu schweben.
Selbst der Mensch wird in Erde gesät
– Gottesacker –,
um neu zu leben.
Verzicht wird Gewinn.
Tod – Leben.
Es bleibt nur,
was verlorengeht.
Nur Verschenktes bringt Frucht,
wird mehr, kann Hunger stillen.
Im Kreuz
wird Auferstehung
Gewißheit.

„Bitte, einmal Erster"

Was würden Sie von einem Menschen halten, der am Fahrkartenschalter der Bundesbahn nur verlangte: „Bitte, einmal Erster!"? Einmal Erster – kein Ziel.

Natürlich eine gestellte Szene. Aber etwas von dieser eigenartigen Verhaltensweise steckt in jedem von uns. Wir alle haben den Wunsch, uns im Leben gut zu setzen, bequem in der Polsterklasse zu fahren. Glücklich zu sein. Wohin das alles führt, ist vielen dann nicht mehr so wichtig.

Aber die angenehmste Fahrt wird langweilig und ermüdet, wenn sie kein Ziel hat. Im Polstersessel kann ich auch zu Hause sitzen. Bei der Lebensfahrt aber geht es nicht ohne Ziel. Da sind wir im Zug, jede Sekunde führt uns weiter; ob wir wollen oder nicht. Fragt sich nur, zu welchem Ziel? In jedem Menschen gibt es unausrottbar eine Sehnsucht nach dem Glück. Dahinter steckt offenbar eine Ahnung von einem Ziel, das alle Sehnsucht erfüllt. Aber wann ist man glücklich, wann hat man etwas vom Leben? Ein interessantes Ergebnis brachte die Umfrage einer französischen Illustrierten. Sie befragte junge Menschen, worin für sie das Glück des Lebens bestehe. 90 Prozent gaben etwa die gleiche Antwort: „Ich bin glücklich, wenn ich einem anderen nützlich sein kann." Hier zeigt sich offenbar eine heiße Spur.

Wahrscheinlich ist die ganze Frage falsch gestellt: „Wie habe ich etwas vom Leben?" Wir sind gar nicht auf Erden, nur um etwas vom Leben zu haben. Das Leben will etwas von uns. Und in dem Maß sich der Mensch von sich selbst löst und an den anderen denkt, in dem Maß kommt er dann doch dazu, etwas vom Leben zu haben. Das haben die jungen Menschen offenbar erfahren. Der Mensch, der vom Leben nur etwas für sich erwartet, verbaut sich den Weg dahin, wirklich etwas vom Leben zu haben.

Unsere Glückserwartung ist nie ganz gestillt. Sie ist grenzenlos. Sie kann offenbar nie volle Erfüllung finden. Gerade diese Nichterfüllung soll uns vielleicht den Blick öffnen für eine andere Dimension, für eine kommende Welt.

Es gibt einen, der von sich sagt, daß er den Weg zum erfüllten Leben nicht nur wisse, sondern daß er selbst dieser Weg sei (Joh 14,6). Der uns zusichert, daß wir im Glauben in ihm das Leben haben. Das Leben haben – das ist viel mehr, als etwas vom Leben zu haben. Freilich, dieser Christus verheißt uns keinen Wohlstand, aber gerade das macht ihn vertrauenswürdig. Daß wirkliches Glück nicht im Wohlstand zu finden ist, ist durch jene Meinungsumfrage belegt.

Wir haben schon so viele Sackgassen ausprobiert. Es käme auf einen anderen Versuch an. Anspruchsvoller sollten wir sein. Wir wollen etwas vom Leben haben – also gehen wir doch aufs Ganze. Greifen wir doch gleich nach dem vollen, nach dem – ewigen Leben. Wir dürfen uns nur nicht mit dem Erstbesten, das vor uns liegt, zufriedengeben. Ich bin sicher, daß der Glaube an ein endgültiges Ziel auch schon dieses Leben glücklicher machen kann.

Nimm dich nicht so wichtig

Papst Johannes XXIII. bekannte, daß er sich öfters das Wort vorgesagt habe „Nimm dich nicht so wichtig." Vielleicht ist in diesem einen Satz das ganze Geheimnis der Faszination dieses Menschen enthalten: Auch wenn große Teile der Menschheit auf dich schauen, und je mehr sie auf dich schauen – nimm dich nicht so wichtig.

Wenn ich Menschen frage, worin sie den Sinn ihres Lebens sehen, bekomme ich meist zur Antwort: in der Selbstverwirklichung, in der Selbsterfüllung. Das hört sich aufs erste sehr überzeugend an. Nicht ein Theologe, sondern ein zeitgenössischer Psychologe aber zeigt auf, daß der Sinn des Daseins auf keinen Fall in der Selbsterfüllung und Selbstverwirklichung zu finden sei. In seinem Buch „Der Mensch auf der Suche nach Sinn" sagt Viktor E. Frankl, daß der Mensch nur in dem Maße sich selbst erfüllt und verwirklicht, in dem er sich preisgibt, in dem er Aufgaben und Werte verwirklicht. Menschsein heißt: über sich selbst hinaus auf etwas gerichtet sein, das nicht wieder ich selbst bin, auf etwas anderes, auf einen Sinn, auf jemand, dem ich liebend begegne. Und es gilt, daß der Mensch erst dadurch er selbst ist, daß er sich selbst übersieht und vergißt.

Das scheint auf den ersten Blick ungemein theoretisch. Aber ist das nicht sogar erfahrbar? Wo ein Mensch von sich ausgeht, sich selbst anzielt, kreist er notwendig ständig um sich selbst. Wer aber um sich selbst kreist, bleibt bei sich. Er verfehlt den anderen, und er verfehlt gerade dadurch auch sich selbst. Wir brauchen hier noch gar nicht einmal so weit zu gehen, daß wir sagen: Wer um sich selbst kreist, verfehlt natürlich auch Gott, und damit verfehlt er wiederum sich selbst.

Mir ist durch diesen Psychologen erst eigentlich aufgegangen, was das Jesuswort besagt: Wer an seinem Leben hängt, wird es verlieren; wer aber sein Leben geringachtet, bewahrt es für das ewige Leben (Joh 12, 25). Oder das andere: Wenn das Weizenkorn nicht in die Erde fällt und stirbt, bleibt es allein; wenn es aber stirbt, bringt es viel Frucht (Joh 12,24).

Nimm dich nicht so wichtig – damit ist kein krankhafter Minderwertigkeitskomplex angesprochen. Die Gefahr einer derartigen Verzerrung ist dann nicht gegeben, wenn ich etwas anderes, etwas Höheres wichtig nehme. Dann bedeutet eine solche Lebenshaltung keine buckelnde Demut, sondern einfach Realismus, Wahrhaftigkeit. Ich ordne mich selbst richtig ein. Nimm dich nicht so wichtig – das befreit von vielen Zwängen. Zum Beispiel vom Zwang, immer mehr leisten zu müssen, ständig Eindruck machen zu müssen, Macht und Einfluß gewinnen zu müssen, unter allen Umständen gelten zu wollen, die Ellenbogen gebrauchen zu müssen. Praktisch führt gerade die Freiheit davon zur Selbstverwirklichung; aber in einem anderen Sinn, als ich sie suche. Und gerade dadurch, daß ich sie nicht suche.

Kein Ziel – kein Sinn

Vor einigen Jahren meinten Zukunftsforscher, die Sinnfrage werde aussterben. Der Mensch der Zukunft habe nur noch praktische Fragen. Das Gegenteil ist eingetreten: Noch nie wurde die Frage nach dem Sinn so hart und so häufig gestellt wie heute. Der Psychologe Viktor E. Frankl bezeichnet das Fehlen von Sinn als die heute häufigste Ursache von Neurosen. Dadurch entstehe im Menschen ein existentielles Vakuum. Schon vorher hatte C. G. Jung die Neurose definiert als „das Leiden der Seele, die nicht ihren Sinn gefunden hat". Und der Physiker Einstein sagt: „Wer sein Leben als sinnlos empfindet, ist nicht nur unglücklich, sondern auch lebensunfähig."

Mit der Sinnfrage ist oft die Frage nach Gott verbunden. Hier ein paar Sätze aus einem Brief an mich: „Ich brauche Ihren Glauben, den Glauben an etwas, für das es sich zu leben lohnt. Ich kann keinen Sinn in meinem Leben sehen. Seit langem nehme ich Drogen, um meine Probleme zu vergessen. Ich möchte damit aufhören, habe aber Angst vor dem, was mich dann erwartet. Ich würde so gerne glauben, falls der Glaube nicht nur Selbstbetrug ist. Bitte, beantworten Sie mir die Frage, warum ich leben muß. Ich empfinde es als eine Zumutung, einfach in die Welt gesetzt zu werden und dann das Leben sinnvoll gestalten zu müssen, damit man nicht am Ende verdammt wird. Warum glauben Sie wohl, daß sich so viele Jugendliche das Leben nehmen? Weil sie nicht mehr können; weil ihre vielen und lebenswichtigen Fragen unbeantwortet bleiben."

Eine Zeitlang waren tatsächlich diese „lebenswichtigen Fragen" in den Hintergrund getreten. Der rasche Aufbau nach dem Krieg und große wissenschaftliche Leistungen hatten die Hoffnung entstehen lassen, daß nun endlich die Welt einem paradiesischen Zustand entgegengehe. Viele von uns haben es zu einem gewissen Wohlstand gebracht. Inzwischen aber haben die überzogenen Hoffnungen einer tiefen Enttäuschung Platz gemacht. Vielem gegenüber, was wir zunächst nur als Fortschritt sahen, sind wir mißtrauisch geworden. Wir merken, daß wir längst nicht mehr alles tun dürfen, was wir können, wenn wir überleben wollen. Der Strom der Enttäuschten wird besonders unter der Jugend immer breiter.

Der Vergangenheit wirft man vor, daß sie die Sexualität verdrängt habe. Unserer Zeit wird man später vielleicht einmal vorwerfen, daß sie versucht habe, die Sinnfrage zu verdrängen. Sind die Öde, die Angst und Langeweile vieler Menschen vielleicht schon Symptome dieser Verdrängung? Verdrängungen führen nun einmal zu Neurosen oder Ersatzbefriedigungen. Wie aber soll der Mensch einen umfassenden Lebenssinn finden können, wenn er nur einen Ausschnitt seines Lebens in den Blick nimmt? Dieses Leben kann keine Deutung finden, wenn wir es nicht im Gesamt überschauen. Und dazu gehört auch das, was von Gott her auf uns zukommt. Dazu gehört auch das, was nach dem Tod kommt. Ernst Bloch sagte in Salzburg beim Humanistengespräch 1970: „Es ist nicht unwahrscheinlich, daß der ganze Verlauf dieses Geschehens uns dahin treibt, Trost und Stütze in der Transzendenz zu suchen, im Glauben, der von der Welt abrückt." – Im Glauben also. Verständlich, daß das für einen Marxisten trübe Aussichten sind. Für ihn bedeutet das Abrücken von der Welt. Wir haben nicht die Befürchtung, daß Glaube der Welt entfremdet. Wirklicher Glaube läßt uns diese Welt überhaupt erst richtig sehen. Was könnte uns eher fähig machen, die Welt und uns selbst ernst zu nehmen, als die Überzeugung, daß das alles einen Sinn hat? Max Horkheimer, Philosoph und Soziologe, sagte gegen Ende seines Lebens in einem SPIEGEL-Interview: „Wenn man die Theologie abschafft, schwindet das, was man Sinn nennt, aus der Welt." Darin kann ich ihm nur zustimmen.

Danke – man lebt!

Wie oft werden wir wohl am Tag gefragt: „Wie geht es Ihnen?" Wir helfen uns oft mit der Verlegenheitsantwort: „Danke, man lebt." So nichtssagend wie die Frage soll auch die Antwort sein. Ein Höflichkeitsabtausch, sonst nichts. – Hat aber diese Antwort in Wirklichkeit nicht doch einen tiefen Sinn? Man lebt – ich lebe. Das ist gar nicht so selbstverständlich. Das ist durchaus ein Grund zum Danken.

Natürlich ist uns das nicht dauernd im Bewußtsein. Wenn wir morgens kurz nach sechs oder noch früher aufstehen, in Hast uns ankleiden und das Frühstück einnehmen, dann zum Zug oder zur Straßenbahn hasten, ab sieben Uhr dreißig oder acht Uhr im Beruf stehen, um siebzehn oder achtzehn Uhr oder noch später nach Hause kommen – im Winter ist es dann schon dunkel –, dort noch diese oder jene Reparatur ausführen müssen, noch ein bißchen fernsehen – und das nun schon seit Jahr und Tag –, dann meinen wir manchmal, eher einen Grund zum Stöhnen als zum Danken zu haben. Dann kommt uns der Gedanke, ob das alles überhaupt lohnt? Was ein solches Leben soll? Und wenn wir dann gefragt werden „Wie geht's?", ist unsere Antwort „Danke, man lebt" fast wie das Abschütteln einer lästigen Frage. Wir finden uns halt im Leben vor und müssen es durchhalten.

Dann aber kommen Stunden, in denen der Alltag nicht mehr so selbstverständlich ist. Ein Buch, ein Gespräch, eine Fernsehsendung haben uns angeregt. Oder wir lesen in der Zeitung von einem Unglück, bei dem viele Menschen, die eben Urlaub machen wollten, zu Tode gekommen sind. Da wird unser Leben frag-würdig; das heißt würdig, daß wir danach fragen. Es wird uns bewußt: Ich lebe – und das ist auf einmal gar nicht mehr so selbstverständlich.

Und dann geben wir uns vielleicht Mühe, das alles so schnell wie möglich wieder zu vergessen, denn sonst kämen wir ja zum Nachdenken. Warum aber eigentlich nicht? Mein Leben kann nur kostbarer werden, wenn ich mir bewußtmache, wie schön es ist zu leben.

Danke, man lebt – alle anderen Fragen und Probleme werden dahinter zweitrangig. Einfach die Tatsache, daß ich lebe, ist Grund zur Freude – auch heute – auch wenn manches Widerwärtige auf mich wartet. Gerade dann ist es notwendig, daß ich nicht wie gebannt auf diesen einen Punkt starre, der mir mein Leben vergällt, sondern das Ganze sehe: Ich lebe. Das Ganze aber meint noch mehr: Ich werde leben auch über den Tod hinaus. Ohne diese „Weitsicht" mag das Detail eines einzigen Tages tatsächlich manchmal wie sinnlos erscheinen. Ein einziger Tag muß in der Tat noch keine sinnvolle Einheit sein. Er kann manchmal zum Davonlaufen sein. Ein Tag schwerer Arbeit, harter Prüfung, schmerzlicher Operation ist, für sich genommen, etwas, auf das ich gut verzichten könnte. In Zusammenschau mit dem vollendeten Werk, mit der Heilung aber wird es ein Tag, der nicht fehlen dürfte. Danke – man lebt! Ich will häufiger daran denken, daß das nicht so sein muß. Dann wird mir das Geschenk des Lebens kostbarer. Wenn aber Geschenk, dann ist da jemand, der schenkt.

Der Mensch, das unbekannte Wesen

Über kaum etwas gehen die Meinungen so auseinander wie über die moderne Kunst. Da wird der Mensch oft mit völlig verrenkten Gliedmaßen dargestellt. Das Auge hängt auf der Backe, während andere wichtige Einzelheiten fehlen. Ob sich aber die Künstler, die dieses Werk schufen, nicht doch etwas dabei gedacht haben? Sie wollten offenbar kein Konterfei anbieten, nicht fotografieren – das kann die Kamera ohnedies besser und genauer. Sie wollen etwas aussagen über das „Wesen Mensch". Vielleicht will der Künstler dadurch, daß er das menschliche Antlitz in sich verschiebt und verzerrt, zum Ausdruck bringen, daß der Mensch sich selbst ein Rätsel bleibt, daß er vielgesichtig ist, immer wieder anders. Ein Buchtitel heißt „Der Mensch – das unbekannte Wesen".

Gilt denn das auch heute noch, wo wir so viel über den Menschen wissen wie nie zuvor? Die Medizin, die Vererbungslehre, die Psychologie und Soziologie sagen uns manches über den Menschen, was wir früher nicht wußten. Gibt es nicht bereits Versuche, den Menschen zu verbessern, seine Erbanlagen zu verändern? Von der Durchsage der Wahlergebnisse her kennen wir die Computer, die tausendmal schneller als der Mensch rechnen. Aber niemals wird diese Maschine selbst ein Mensch sein. Einzelne Funktionen des Menschen lassen sich leicht ersetzen, aber der Mensch als Ganzer ist etwas Vielschichtiges, Geheimnisvolles. Sind wir uns nicht selbst oft ein Rätsel? Wir kommen mit uns an kein Ende. Je mehr wir über uns wissen, um so mehr neue Fragen tun sich auf.

Und finden wir uns nicht voller Widersprüche? Wir sind Leib, das merken wir in der Krankheit am stärksten. Aber wir sind zugleich Geist: wir sind offen und weltweit, unbegrenzt in unseren Gedanken und Sehnsüchten – zugleich aber wieder in uns selbst hinein verschlossen. Wir sind frei und doch gebunden, wir sind selbständig, unabhängig und doch ohne den Mitmenschen kein voller Mensch. Der

Mensch scheint Macht zu haben, die Welt zu bestimmen – und erfährt zugleich, daß er nicht einmal mit sich selbst fertig ist.

Irgendwie sprengt der Mensch alle Maße. Ob das nicht ein Zeichen ist, daß diese Welt ihm zu klein ist, daß er in eine Dimension hineinragt, die wir mit all unseren Messungen und Forschungen nie ausloten können? Schimmert da nicht eine andere Wirklichkeit durch, anders als die, in der wir jetzt leben?

Die christliche Botschaft sagt vom Menschen, daß er nach dem Bild Gottes geschaffen sei. Daß Gott das Ziel seines Lebens sei. Ob hier nicht der Grund dafür liegt, daß ich mir selbst manchmal so unbegreiflich bin? Ob daraus andererseits nicht jede Einzelheit meines Lebens einen viel tieferen, ja überhaupt erst einen Sinn bekommt? Ich will versuchen, einmal diese Antwort in all die offenen Fragen meines Lebens einzusetzen. Dann bleiben mir sicher immer noch Rätsel genug. Aber manches Dunkel wird dann zweifellos heller.

Sich selbst davonlaufen

Es gibt ein kleines Gedicht von Günter Grass „Tour de France", das die Fragwürdigkeit modernen Leistungssports darstellt: „Als die Spitzengruppe / von einem Zitronenfalter / überholt wurde / gaben viele Radfahrer das Rennen auf."

Ob damit nicht noch mehr charakterisiert ist als mancher Auswuchs des Leistungssports? Ist nicht unser heutiges Menschenbild ähnlich verkrampft und einseitig von Erfolg bestimmt?

Gewiß, Erfolg brauchen wir alle. Kluge Eltern, vernünftige Pädagogen werden Kindern Erfolgserfahrungen vermitteln: „Du kannst das schon" – „Großartig hast du das gemacht". Ich kenne ein Mädchen, dem der Vater nie etwas zutraute: „Du kannst das ja doch nicht." Schließlich mußte das Kind auf eine Sonderschule. Erst im Beruf wurden seine Fähigkeiten entdeckt. Es wurde ermutigt, eine Kunstschule zu besuchen. Mit gutem Erfolg! Die Erfahrung von Erfolg gehört zum gesunden Selbstbewußtsein, ist Voraussetzung, daß ich mich selbst annehmen und bejahen kann.

Mit Recht aber wenden sich gerade junge Menschen gegen eine Gesellschaft, die den Menschen *nur* nach Erfolg und Leistung beurteilt. Da werden oft in Schulen schon reine Spezialisten herangebildet; das Sachwissen auf Einzelgebieten wird dabei enorm gesteigert und ist dann später in den Fragespielen des Fernsehens zu bewundern. Verstand, Gedächtnis sind alles. Es kommt darauf an, daß das Gelernte unmittelbar in Geld, Leistung, Ansehen umgesetzt werden kann. Daraufhin wird gelernt.

Aber der Mensch, die Persönlichkeit kommt dabei zu kurz. Für Spiel und Feier bleibt da kein Raum. Wesentliche Bereiche des Menschen bleiben unterentwickelt.

Wenn nicht alles täuscht, baut sich dieses sture Zweckdenken bereits ab. Es darf wieder gelacht werden. Reden und Handeln werden auch dann wieder als sinnvoll anerkannt, wenn sie nicht unmittelbar

„gesellschaftsverändernd" wirken. Trotzdem – meine ich – haben wir alle noch etwas von dieser Haltung. Kann ich beispielsweise beim Spiel verlieren? Oder werde ich dann ärgerlich? Bekomme ich ein schlechtes Gewissen, wenn ich einmal richtig ausspanne? Bin ich allzu niedergeschlagen, wenn mir etwas nicht gelingt? Beneide ich andere, die etwas besser können als ich?

Der Mensch ist mehr als das, was er leistet. Im Glauben weiß ich, daß Gottes Hinwendung zu mir nicht von dem provoziert wird, was ich bin und tue, sondern daß er dem allem zuvorkommt.

Bevor ich also etwas tue, bin ich schon wer. Weil ich von Gott angenommen und bejaht bin. Und das auch dann, wenn ich nichts mehr leisten kann. Der Glaube kann verhindern, daß der Mensch nur nach seiner Funktion beurteilt wird. Radikales Leistungsdenken aber führt letztlich zur Unmenschlichkeit. Denn welche Bedeutung haben in einer nur von Erfolg bestimmten Gesellschaft beispielsweise Alte und Kranke? Oder Schwachsinnige und ungeborene Kinder? Von Leistung kann da keine Rede sein. Sind sie deshalb überflüssig? Ohne Existenzberechtigung? Ist ihr Leben ohne Sinn?

Tour de France: Die schwitzenden Rennfahrer erfahren, daß es anderes gibt als Leistung und Kraftaufwand. Und dies andere wird ihnen sichtbar in dem federleicht vorankommenden Zitronenfalter. Symbol dessen, was man nicht leisten kann, was man nur als Geschenk erhalten kann. Bild dafür, was wir im Glauben „Gnade" nennen.

Mag er mich ruhig überholen, der große Wagen, der Klassenbeste, der Lotteriegewinner, der Nachbar mit seiner großen Ferienreise. Hauptsache, ich laufe mir nicht selbst davon.

Kurskorrektur

Wenn ein Raumschiff zum Mond oder zu einem Planeten geschickt wird, ist immer wieder von Kurskorrekturen die Rede. Unsere Vorausberechnungen sind zwar so präzise, daß die Grundrichtung stimmt. Aber es bedarf geringer Kurskorrekturen, um das Raumschiff wirklich auf den Planeten und auf die vorgesehene Stelle zu lenken. Das geschieht von unserer Erde aus. Ohne diese Korrektur würde das Ziel verfehlt.

Wenn man im Leben auch so deutlich wüßte, wo Kurskorrektur notwendig ist. Bei größeren Entscheidungen – etwa der Berufswahl oder bei der Wahl des Ehepartners – wüßten wir brennend gern: Wie wird dein Weg verlaufen, wenn du dich so entscheidest – wie, wenn du die andere Möglichkeit wählst? Richtungswechsel gut und schön, wenn wenigstens jeweils das Ziel bekannt wäre. Aber selbst dann bliebe noch manche Unsicherheit über den Weg dorthin. So eindeutig ist das im Leben meist nicht. Wahrscheinlich gibt es viele Möglichkeiten, aber welche ist unter den gegebenen Umständen die beste?

Tag für Tag stehen wir vor der Notwendigkeit, größere oder kleinere Kurskorrekturen vornehmen zu müssen. Wer sich darauf nicht besinnt, eckt an. Wer zu selbstsicher immer den gleichen Kurs verfolgt, ist womöglich ganz bald ein einsamer Mensch.

Manchmal ahnen wir selbst bei kleineren Entscheidungen dieser Art, daß es um mehr geht als um einen augenblicklichen Erfolg, um die Vermeidung einer Enttäuschung. Zutiefst schwingt bei all diesen Entscheidungen die Frage mit, wie denn das Leben überhaupt gelingt und zum Ziel kommt? Jesus redet auch von Richtungsänderung: „Kehrt um, glaubt!" (Mk 1,15). Umkehr – also unter Umständen Kursänderung um 180 Grad – ist ein zentrales Wort der Bibel. Richtungsänderung – aber wohin denn? Wenn ein Mensch sich verlaufen hat, geht er einfach bis dahin zurück, wo der Weg sich gabelt, zu einem Punkt. In der Bibel – im Alten Testament so gut wie im Neuen – ist

Umkehr immer Hinwendung zu jemand: zu Gott, zu Jesus Christus. Jesus erhebt den Anspruch, nicht nur das Ziel zu kennen, sondern selbst das Ziel zu sein. Jeder muß sich an ihm orientieren, ihn wichtig sein lassen im Leben, wenn es ans Ziel kommen soll. Also Kurskorrektur. Sei es vom falschen Weg, von der Schuld her; sei es von der allzu großen Sicherheit her, selbstverständlich auf dem richtigen Weg zu sein. Deshalb kann niemand sagen, er habe diese Korrektur nicht nötig. Sie ist ein ganzes Leben lang notwendig. Aber sie ist auch ein ganzes Leben lang möglich. Das ist das Befreiende. Niemand kann sich so verlaufen, daß es keine Richtungsänderung mehr gäbe. Ja gerade das Verlaufen, ja gerade die Schuld kann die Kurskorrektur einleiten. Sein Anruf „Mir nach" (Mk 1, 17) ermutigt uns, zeigt zugleich die Richtung. Es gibt faszinierende Bilder von diesem Verlaufen und von der Umkehr im Neuen Testament, z. B. das Gleichnis vom verlorenen Sohn (Lk 15, 11 ff.). Immer ist es der Mensch, der dabei gewinnt, der zu sich selbst findet, wenn er zu Gott findet. Ist es einmal klar, daß Gott letztlich Ziel meines Lebens ist, auf das hin ich lebe, dann fallen viele Ängste weg. Dann kommt Hoffnung auf. Hoffnung aber gibt die Kraft zur Entscheidung.

Vielleicht sind diese Perspektiven viel zu weit gespannt. Ich bin schon froh, wenn es mir gelingt, heute wieder aufmerksamer auf die Menschen zuzugehen, mit denen ich zusammentreffe. Ich bin schon froh, wenn ich Schritte korrigiere, die ich gestern in falscher Richtung getan habe. Auch kleine Kurskorrekturen können bedeutsam sein, nicht nur bei Raumschiffen.

Geheime Verführer

Werbefachleute sind meist gute Psychologen. Sie wissen, wie man den Menschen ansprechen muß, um ihn zum Kauf zu bewegen. Sie kennen die Beweggründe, die Motive, über die sich die meisten Menschen selbst nicht klar sind.

Ihnen ist z. B. bekannt, daß der Mensch nur etwas anstrebt, das er als gut und schön erkennt. (Selbst die Sünde muß sich ihm in der Verpackung des Guten und Erstrebenswerten anbieten, sonst fiele der Mensch nicht darauf herein. Erst später merkt er dann, daß er sich getäuscht hat, daß er sich durch äußeren Schein trügen ließ.) – Also preist die Werbung alles als prima, neu, das Neueste, das Beste, als noch besser, noch schneller, noch weißer ... an. Es fallen einem sofort entsprechende Werbetexte ein. Selbst die Verpackung ist in diese Übertreibungen einbezogen. Der Fachmann weiß, wie das Format, die Größe, die Farbe einer Schachtel sein muß, um anziehend zu wirken. Besonders Kinder fallen leicht auf die Verpackung herein.

Aber noch etwas bedenkt der Werbefachmann: Wenn Menschen eine Anschaffung machen, die nicht unbedingt nötig gewesen wäre, spüren sie bisweilen so etwas wie ein Schuldgefühl. Sie denken: Vielleicht wäre etwas anderes wichtiger gewesen. Oder: Viele können sich nicht das Nötigste leisten, ich gebe -zig Mark im Monat für ein Genußmittel aus. – Die Werbung rechnet mit diesen „kleinbürgerlichen" Hemmungen des Gewissens, die die Kauffreudigkeit lähmen. Darum versucht die Werbung, das Gewissen zu beruhigen. Sozusagen mit der Verführung zum Geldausgeben gleichzeitig die Absolution, die Lossprechung von der Gewissensbelastung auszusprechen: „Gönnen Sie sich einmal etwas", heißt es da; oder „Genuß ohne Reue"; oder „Beschenke dich selbst", „Dir zum Lohn". Bei Ratenzahlung wird versichert: Natürlich können Sie das verantworten, Sie brauchen ja monatlich nur ... DM zu bezahlen."

Wie lästig für die Absatzsteigerung, daß solche Beruhigungspillen notwendig sind. Wie angenehm für den Käufer, in seinem Gewissen entlastet zu werden. Andere nehmen einem die Gewissensentscheidung ab. Das ist übrigens nicht nur bei der Werbung so.

Aber die Enttäuschung kommt später. Manches, was wir uns lange Zeit gewünscht haben, wofür wir gespart, gekämpft, gebettelt haben, bis es uns gehörte, verliert – ist es erst einmal unser Besitz – an Bedeutung. Es ist wie nach einer allzu süßen Limonade: Der Durst ist nicht gestillt. Wieder einmal zeigt sich, daß menschliche Erwartungen, menschliches Verlangen nach dem Guten, Großen, Schönen mit allem, was wir uns aneignen können, nicht erfüllt werden können. Es hat einmal jemand gesagt: „Das Glück eines Menschen entscheidet sich daran, ob er es fertiggebracht hat, ein paarmal in seinem Leben an der richtigen Stelle ‚nein' gesagt zu haben." Nein zu dem, was alle tun, was man tut, nein zum Sog der Werbung. Der hl. Paulus sagt: „Alles ist mir erlaubt, aber nicht alles nützt mir. Alles ist mir erlaubt, aber nichts soll Macht haben über mich" (1 Kor 6,12).

Mehr vom Leben haben

Haben Sie schon einen Blick in die heutige Tageszeitung geworfen? Manche Menschen lesen die Zeitung von hinten nach vorn, sie beginnen mit den Anzeigen. Für was da nicht alles geworben wird! Eine ganze Wissenschaft untersucht und testet, wie Menschen angesprochen werden müssen, damit ihr Interesse für etwas erwacht, an das sie im Traum nicht gedacht hätten.

Da wird z. B. geworben mit dem Wörtchen „man". Man, das ist jedermann, das ist jeder, der modern sein will. Da heißt es: „Man trägt wieder ..." Dieser Jedermann ist natürlich ein anspruchsvoller Typ, deshalb heißt es: „Für Leute von Geschmack", „Für Leute von heute", für den „anspruchsvollen", für den „verwöhnten Geschmack", „Kenner wählen ...". Jedesmal wird ein Leitbild des modernen Durchschnittsbürgers aufgestellt. In dem Maß man sich diesem Bild anpaßt, ist „man" modern. Daß jedermann etwas tut, ist einer der stärksten Trümpfe, den die Werbung auszuspielen hat. Jedermann raucht dies, trinkt jenes. Es gehört ungemein viel Selbständigkeit dazu, sich diesem Sog des „man" zu entziehen. Schon das Kind braucht den Eltern gegenüber das für es durchschlagende Argument: „Aber das tun doch alle ..." Das, was alle tun, weist offenbar den Weg zum Glück, zu einem erfüllten Leben: „Wer dies oder jenes kauft, ißt, raucht, anzieht, besitzt" – so wird suggeriert –, „hat mehr vom Leben." Hier wird am Glücksverlangen des Menschen angeknüpft. Und wem dann noch Zweifel kommen, dem wird bescheinigt, daß er offenbar ein Außenseiter der menschlichen Gesellschaft ist. Was „man", was „alle" tun, kann doch nicht so falsch sein.

Bei Modefragen mag das noch unerheblich sein, ob man sich auf diese Weise verlocken läßt. Aber bin ich sicher, daß ich, wenn ich hier nachgebe, das nicht auch bei wichtigeren Entscheidungen tue? Wird eine Sache dadurch richtig, daß viele sie tun? Daß alle etwas tun, ist ohnedies nicht wahr. – Vor Gott gilt der einzelne. Und der hat einen sicheren Instinkt für das, was gut und richtig ist. Er hat aber genauso ein Verlangen nach dem, was leichter, genußvoller, bequemer ist. Und darum läßt er nur gar zu gern sein Gewissen umstimmen im Sinne von „Was man (!) wünscht, das glaubt man gern". Und wenn ich mich ein Leben lang daran gewöhnt habe, eigene Entscheidungen danach zu fällen, was die vielen tun, wird mein Instinkt für das, was für mich gut wäre, allmählich stumpf. Verbraucherorganisationen sagen gelegentlich, der Kunde solle wählerischer sein. Genau darum geht es. Daß ich eine Auswahl treffe, ja zu dem einen, aber nein zu dem anderen sage. Je älter ich werde, um so deutlicher wird mir von Tag zu Tag der Satz „Wer das Leben gewinnen will, wird es verlieren" (Mt 10,39). Ich muß immer wieder darauf zurückkommen. Ich habe noch keinen Menschen getroffen, der durch den Besitz dieser oder jener Dinge glücklich geworden oder z. B. von seiner Einsamkeit befreit worden wäre.

Sinnloses Leid

Hat das eigentlich alles einen Sinn? Ich meine dieses Leben, das uns einerseits so kostbar erscheint und so manche Freude bietet – andererseits aber auch voller Rätsel, Widersprüche, voller Unrecht und Leiden ist. Die meisten Hoffnungen und Wünsche bleiben doch unerfüllt. Zwei Drittel der Menschheit hungern; Kriege werden geführt, ohne daß die Betroffenen gefragt werden; Naturkatastrophen lassen Kinder und Unschuldige leiden. Jedem von uns sind ähnliche Gedanken schon gekommen.

Der französische Schriftsteller Camus drückt diese Sinnlosigkeit in seinem Buch „Mythos des Sisyphos" so aus: Die Götter haben diesen Sisyphos – und damit ist jeder Mensch gemeint – dazu verurteilt, unablässig einen Felsen auf einen Berg hinaufzurollen. Er müht sich ab, doch alles ist umsonst. Kurz vor dem Ziel überwältigt ihn die Last des Steines, er rollt über ihn hinweg den Hang hinunter ... und Sisyphos beginnt von neuem, immer wieder von neuem – bis der Tod diesem Treiben ein Ende macht.

Irgend etwas – meine ich – protestiert in uns gegen eine solche Sicht unseres Lebens. Das ist einfach nicht alles!

Wir wollen jetzt nicht überlegen, *warum* unser Leben soviel Dissonanzen kennt, warum die Welt nicht besser geschaffen wurde. Eine Erklärung wird uns ohnedies nicht weiterhelfen, dadurch wird uns nichts leichter. Das einzige, was helfen könnte, wäre das Bewußtsein, daß dahinter dennoch ein Sinn steht und daß es einmal anders wird. Wenn wir die Bibel daraufhin befragen, so sagt sie vor allem: Das Leid ist gegen den Willen Gottes in der Welt. Im Schöpfungsbericht heißt es nach jedem Tagewerk, daß das, was Gott geschaffen hat, gut, ja sehr gut war. Gott will also das Böse, den Schmerz und das Übel nicht; er will leidenschaftlich die Liebe und das Glück. Er kämpft gegen das Unheil, so sehr, daß er sich in diese Welt hineinbegibt, daß er dafür den höchsten Einsatz zu leisten bereit ist: in Christus wird Gott mit dem geplagten Menschen solidarisch. Aus seinem Scheitern aber, das im Kreuz seinen Höhepunkt erlebt, wird Auferstehung. Hier erfahren wir, daß alle Übel zum besten gewendet werden. Gott kommt trotz des Bösen und durch alle Brüchigkeit des Lebens hindurch dennoch mit der Welt und dem Menschen an ein gutes Ende. Alle Unvollkommenheit, in der wir leben, muß letztlich seiner guten Absicht dienen.

Wir werden nie erklären können, *woher* letztlich das Übel kommt – aber im Glauben wissen wir, *wohin* es führt. Wir vertrauen darauf, daß es kein Ziel an Gott vorbei gibt und daß dieser nicht gegen uns, sondern für uns ist. Der Glaube legt keine neue Last auf – „nun tragt mal schön" –, das Christentum hat ja schließlich das Leid nicht erfunden, das ist auch ohne den Glauben da. Aber der Glaube eröffnet einen Weg hindurch. Man muß freilich bereits an Gott glauben, um das annehmen zu können. Aber gibt es sonstwo eine bessere und menschlichere Antwort auf die Frage nach dem Übel in der Welt? Es ist nicht zu erklären, sondern zu bestehen. Man besteht es aber im Vertrauen. Vertrauen, daß das Leid nicht den Bankrott der Liebe Gottes bedeutet.

Dafür kannst du etwas anderes

In unserer Kirchenzeitung las ich kürzlich einen Bericht, der mir viel gegeben hat und den ich deshalb weitergeben möchte. Eine Journalistin hatte eine Werkstatt für geistig Behinderte besucht. Diese Behinderten waren damit beschäftigt, für einen Industriebetrieb bestimmte Apparate zusammenzusetzen. Die Journalistin versuchte sich in der gleichen Arbeit, blieb aber kläglich hinter der Arbeitsleistung einer Behinderten zurück. Diese aber hatte für die Journalistin einen großartigen Trost: „Dafür kannst du etwas anderes", sagte sie zu ihr.

Da ist ein Mensch, der sich selbst als behindert erfährt, aber er leistet gute Arbeit. Obwohl diese Frau vieles, was andere vermögen, nicht kann, ist sie stolz darauf, in diesem Punkt anderen voraus zu sein. Aber weil sie ihre Grenzen sehr gut kennt, macht sie das nicht überheblich. Und deshalb kann sie etwas sagen, was manche Menschen, die vielleicht auf sie überlegen herabsehen, leider nicht sagen können. Und diese ihre „Leistung" war vielleicht viel höher einzuschätzen als das, was sie durch ihrer Hände Arbeit fertigstellte. Sie vermochte zu trösten: „Dafür kannst du etwas anderes."

Wir beurteilen andere – und oft auch uns selbst – meist nach der Leistung. Und wir meinen damit den Erfolg, das Produkt der Mühe, nicht aber die Mühe selbst. Das macht die einen überheblich und andere, deren Kräfte und Möglichkeiten geringer sind, verzagt: alte Menschen, Kranke, Behinderte, aber auch Kinder ... Bei Kindern sind wir noch geneigt, das ungeschickte Bemühen in höchsten Tönen anzuerkennen. Bei Älteren und Kranken kommt jedoch allzuleicht Geringschätzung auf; der Gedanke, dieser Mensch sei weniger Wert. Und Ältere und Kranke fühlen sich oft selbst als überflüssig, unnütz, lästig. Die Behinderte in der beschützenden Werkstatt hätte gesagt: „Dafür kannst du etwas anderes." Nämlich: ertragen, verstehen, vermitteln, trösten, schweigen, beten, zuhören, Liebe schenken ... Dafür kannst du etwas anderes, nämlich: Hinweis darauf sein, daß Leben und Gesundheit nicht selbstverständlich sind und daß sie daher verpflichten. Es gibt keinen einzigen Menschen, der nicht „etwas anderes" kann. Etwas, das vielleicht viel wichtiger ist als Apparate zusammensetzen oder Kranke heilen, als kochen oder Bücher schreiben. Mancher, der als ungeschickt gilt, kann etwas, das die Gesunden oft viel nötiger brauchen als Kranke und scheinbar Hilflose: nämlich dankbar und hilfsbereit sein.

Das Leben Jesu war aus der Sicht vieler Zeitgenossen ein erfolgloses Scheitern. Aber Unzählige haben bisher gerade darin Kraft und Ermutigung im eigenen Scheitern, in der eigenen Erfolglosigkeit gefunden. Er *konnte* nicht nur, er *wollte* auch etwas ganz anderes, als seine Zeitgenossen von ihm erwarteten. Nicht in jedem Fall ist das, was Menschen von mir erwarten, entscheidend. Denn wer garantiert mir, daß ihre Erwartungen richtig sind? Wichtiger ist, was ich zu geben vermag. Und das kann etwas sein, das sehr wohl gebraucht, aber vielleicht nicht erwartet wird. Nicht nur wegen der aufgewandten Mühe ist das, was Behinderte, Kranke, Alte, Kinder schenken können, so wertvoll; sondern auch deshalb, weil vieles davon lebensnotwendiger ist als das, was wir meinen, so dringend haben zu müssen. Nur fällt es eben nicht so in die Augen. Es ist eben – anders. „Dafür kannst du etwas anderes."

In eure Welt passe ich nicht

Warum wohl manche Jugendliche bestimmte Kleidungsstücke, selbst wenn sie noch ganz neu sind, für Geld und gute Worte nicht anziehen? Dafür möchten sie bestimmte abgetragene Sachen Tag für Tag – am liebsten auch sonntags – tragen.

Eine Mutter erzählte mir, ihre 15jährige Tochter trage mit Vorliebe einen viel zu großen Pullover, den die ältere Schwester abgelegt hat. Bitte, wer trägt schon gern die Kleider älterer Geschwister auf? Hier aber war es so, und alle Versuche, diesen Pulli verächtlich zu machen, halfen nichts. Er war das Lieblingsstück, das nur dann nicht getragen wurde, wenn es dringendst gewaschen werden mußte.

Schließlich war es nicht die Mutter, sondern die Tochter leid, daß immer wieder der Pullover Gegenstand von Auseinandersetzungen wurde. Sie sagte eines Tages: „Mutti, du verstehst aber auch gar nichts. Natürlich ist der Pullover für mich zu groß – das sieht doch jeder. Das soll man aber auch sehen. Der zu große Pulli ist für mich die Welt der Erwachsenen. Überall wollt ihr Großen etwas von einem. In eurer Welt fühle ich mich wie in dem zu großen Pulli. Ihr sollt endlich merken, daß ich in diese eure Welt nicht hineinpasse."

Diese Selbstanalyse, die ein gut Stück Selbstkritik enthält, ist frappierend. Junge Menschen denken oft sehr intensiv über sich nach.

„Mutti, du verstehst auch gar nichts." Und es war eine Mutter, die sich eigentlich große Mühe gab, auf ihre Tochter einzugehen. Die zu verstehen suchte – und dies eben doch nicht verstanden hatte. Meist sind wir überzeugt, daß der Jugendliche möglichst schnell erwachsen sein möchte. Trotz des Protestes gegen die Lebensweise der Erwachsenen. Der Anfang des Rauchens z. B. hat darin oft seinen Grund. Aber meist liegt man falsch, wenn man es genau zu wissen meint. Über den jungen Menschen kann man eigentlich nur in Gegensätzen reden: er ist selbstsicher und unsicher zugleich; er will erwachsen sein, um selbständiger sein zu können, und hat oft Furcht, für sich selbst einstehen zu müssen. Er weiß tatsächlich oft selbst nicht, was er will. Geht es uns Erwachsenen übrigens anders? Auch wir verstehen uns doch manchmal selbst nicht. Wundert es uns, daß wir dann andere nicht verstehen?

Manchmal dürften die Motive Jugendlicher in genau der entgegengesetzten Richtung zu suchen sein, als es den Anschein hat: Aggression ist oft ein Zeichen innerer Schwäche; ist meist weniger Wunsch, zu verletzen als angenommen zu werden. Konsumgier und das Verlangen, sich auszuleben, sind allzuoft nur Resignation gegenüber dem Leben und seinem Sinn. Auch hinter Spott und Ablehnung gegenüber Glaube und Kirche steht oft der Wunsch, glauben zu können. Vielleicht meint man, mit Glaube oder Kirche müsse man in ein Kleidungsstück schlüpfen, das einem viel zu groß erscheint. Oder viel zu eng? Die Erwachsenen, deren Rolle einem nicht oder noch nicht paßt, wären dann die sogenannten Gläubigen, in deren Welt man nicht hineinzupassen meint. So oft möchte jemand etwas anderes sagen, als wir verstehen. Vielleicht etwas anderes sogar, als er in Worte fassen kann.

Große Freude wird dich erfüllen

Lukas 1, 14

Herr, ich werfe meine Freude wie Vögel an den Himmel. Die Nacht ist verflattert, und ich freue mich am Licht. Deine Sonne hat den Tau weggebrannt vom Gras und von unseren Herzen. Was aus uns kommt und was in uns ist an diesem Morgen – alles ist Dank.

Herr, ich bin fröhlich heute am Morgen. Die Vögel und die Engel jubilieren, und ich singe auch. Das All und unsere Herzen sind offen für deine Gnade. Ich fühle meinen Körper und danke. Die Sonne brennt meine Haut, ich danke. Das Meer rollt gegen den Strand, ich danke. Die Gischt klatscht gegen unser Haus, ich danke.

Herr, ich freue mich an der Schöpfung und daß du dahinter bist und daneben und davor und darüber und in uns. Ich werfe meine Freude wie Vögel an den Himmel. Ein neuer Tag, der glitzert und knistert, knallt und jubiliert von deiner Liebe. Jeden Tag machst du. Halleluja, Herr!

Gebet aus Westafrika

Ich platze vor Freude

In Frankreich soll das Wort umgehen: „Weil du Christ bist, kannst du nicht fröhlich sein." Wenn das zuträfe, möchte ich kein Christ sein.

Manche Christen gehen tatsächlich ständig wie am Stock, wie unter einer Last. Sie bieten das Bild eines zu kurz gekommenen Lebens. In ihrem Glauben sehen sie einen Katalog von Pflichten, von Geboten und Verboten. Deshalb blicken sie gelegentlich neidisch auf Menschen ohne religiöse Bindung. –

Es hat immer wieder weltfremde und freudlose Strömungen in der Kirche gegeben. Aber sie wurden stets als Irrlehre erkannt. Dennoch gibt es bis auf den heutigen Tag Christen, die zu glauben scheinen, alles, was schön, was modern sei, alles, was Genuß bringe, sei schon vom Teufel. Wenn man auf die hört, dann will Gott von uns, daß wir uns das Leben schwermachen; je schwerer einer zu tragen hat, um so besser. Alles Gute wäre demnach nicht zu unserem Gebrauch, sondern nur als Gelegenheit zum Verzicht gedacht. Es könnte fast den Anschein haben, als habe Gott eine Freude daran, wenn es uns dreckig geht.

Schlimmer kann man die Botschaft Christi nicht mißverstehen. Er wollte uns eine Frohbotschaft und keine Drohbotschaft bringen. Die Frucht des Glaubens ist „Friede und Freude", wie Paulus sagt (vgl. Röm 14,17; Gal 5,22). Furcht und Freudlosigkeit sind immer Zeichen schwachen Glaubens. Selbst da noch, wo in der Hl. Schrift von Buße und Fasten die Rede ist, wird ausdrücklich gewarnt, dabei ein finsteres Gesicht zu machen, also Trübsal zu blasen.

Nun mag jemand entgegenhalten: Christsein bedeutet doch Nachfolge Christi. Und der Weg Christi ging durch Leid und Trübsal. Wird hier also geschickt etwas unterschlagen? – Das Leid, das Schwere bleibt ohnedies keinem Menschen erspart. Aber: Nicht schon weil etwas schwerer ist, ist es auch besser und Gott wohlgefälliger. „Gott will nicht das Schwere von uns, sondern das Gute; das Gute freilich auch dann, wenn es schwerfällt" (Tilmann). Wo deshalb Leid über den Christen hereinbricht, wird er auch dazu ja sagen. Der Blick auf das Kreuz Christi ist für Unzählige in auswegloser Situation ein Anruf und eine Kraft. Christus hat das Leid nicht auf sich genommen, um sich selbst und damit uns eine zusätzliche Last aufzubürden, sondern um uns tragen zu helfen und aufzuzeigen, daß es selbst durch das Leid hindurch einen Weg zu endgültiger Freude gibt. Eines seiner Worte heißt – in heutige Sprache übersetzt –: „Kommt, die ihr am Stock geht, ich will euch Kraft geben" (vgl. Mt 11, 28). Glaube bedeutet mehr an Kraft.

Darüber hinaus kann es durchaus auch sinnvoll sein, einmal auf eine erlaubte Freude zu verzichten. Wir nennen das „ein Opfer bringen". Nicht weil Gott einem die Freude nicht gönnte; sondern weil man sich stark machen will; weil man sich, ähnlich wie der Sportler, trainieren will für Zeiten, in denen das Leben letzte Anstrengungen von einem fordert. Man gibt also etwas auf, um weit Größeres zu gewinnen: Herrschaft über sich selbst; Freiheit von der Versklavung an die Dinge; größere Gottesnähe. Auch hier geht es also wiederum um mehr Freude und Steigerung des Lebens. Keine gute Freude ist dem Christen verboten. „Alles ist euer", heißt es in der Hl. Schrift.

Wer so glaubt, hat unter Umständen auch die Kraft, erlittenes Unrecht zu ertragen. Er erliegt nicht dem Gerechtigkeitszwang, der da meint, alles Unrecht mit neuem vergelten zu müssen. Er versteht also die Forderung Christi, selbst Feinden zu vergeben. Wir merken sofort, daß diese Erfüllung Frieden und Freude bringen könnte. Keiner käme auf den Gedanken, daß der Mensch dabei zu kurz kommt.

Eine Naturwissenschaftlerin, die nach Jahren wieder zum Glauben zurückfand, schrieb mir kurz danach: „Was mich bewegt, kann ich Ihnen nicht schildern. Sie müssen es zwischen den Zeilen lesen. Nur soviel: Ich platze vor Freude!" So kann sprechen, wem der Glaube nicht Last ist, sondern etwas, ohne das er nicht mehr leben könnte.

Sich ärgern über den Ärger

Eigenartig, wie verschieden Kaffee schmecken kann. Wenn verschiedene Köche mit demselben Wasser und demselben Quantum der gleichen Marke Kaffee kochen, hat er dennoch u.U. nicht den gleichen Geschmack.

Das ist nicht nur mit dem Kaffee so, sondern mit vielen anderen Dingen des Lebens, ja vielleicht mit allen. Aus der gleichen Situation macht der eine etwas Gelungenes, der andere scheitert daran. Nehmen wir einen Tag wie den heutigen. Die Startbedingungen sind zwar bei jedem Menschen verschieden, je nachdem, ob jemand gesund oder krank ist, ob einer einen schweren oder einen leichten Tag vor sich hat. Ob er ausgeschlafen ist oder nicht. Das sind Vorgegebenheiten, an denen wir nur wenig ändern können. Aber jeder wird etwas anderes daraus machen. Wer von vornherein nur das Negative sieht, wird an allem schwer tragen und möglicherweise mit dem faden Gefühl eines verpfuschten Tages zu Bett gehen. Er wird sich an allem und an allen stoßen, und die Mitmenschen werden entsprechend sauer auf ihn reagieren. Verständlich, daß er sich dadurch in seiner pessimistischen Einstellung noch bestätigt fühlt.

Ein anderer läßt sich nicht einfach von Stimmungen treiben. Er denkt gleich zu Beginn des Tages ausdrücklich daran, daß heute manches recht schön sein wird; daß dieses oder jenes auch anders, viel schlechter sein könnte. Diese Zuversicht und Lebensfreude wird ihm von vornherein manchen Ärger ersparen. Denn auch die Mitmenschen begegnen einem solchen Zeitgenossen freundlicher. Ja es kann sein, daß jemand, der so seinen Tag selbst in die Hand nimmt, aus schlechteren Bedingungen mehr macht, mehr Freude schöpft als ein anderer, der bessere Voraussetzungen mitbringt. Vieles haben wir selbst in der Hand. Als Gläubiger hoffe ich zudem, daß auch das, was nicht in meine Hand gegeben ist, von dem herkommt, den wir Christen als Vater anzureden wagen. Daß darum denen, die Gott lieben, letztlich alle

Dinge zum Guten geraten. Allein schon diese Einstellung kann einen ganzen Tag von vornherein umkrempeln und gelingen lassen.

Ich weiß nicht mehr, welcher französische Schriftsteller einmal zum Ausdruck gebracht hat, wie erfinderisch schlechte Laune sein kann, um sich zu behaupten. Er schreibt: „Man ärgert sich darüber, daß man sich ärgert; man ist schlecht gelaunt, weil man schlecht gelaunt ist. Man wird aber noch schlechter gelaunt, wenn einem jemand die schlechte Laune nehmen oder einen aufheitern möchte. Man findet, daß man allen Grund hat, schlecht gelaunt zu sein. Es bedeutet einen gewissen Trost, daß man sich nicht trösten lassen will. Man fängt ohne Zutrauen etwas an, und wenn die Sache schiefgegangen ist, kann man triumphieren: Ich habe es ja gewußt, ich habe eben kein Glück. Man tut alles, um anderen zu mißfallen, und wundert sich, daß man mißfällt. Man glaubt an keine Freude und hält seine schlechte Laune für Charakter."

Keinem wird die gute Laune morgens in den Schoß geworfen. Man muß etwas dazutun. Eine Hilfe ist es, sich einen Vorrat an Freude zuzulegen. Dazu ist nötig, einen dankbaren Blick für die kleinen Dinge zu haben, die einem oftmals allzu selbstverständlich sind: daß ich gesund erwacht bin; daß ich mein Auskommen habe; daß ich Arbeit und zu essen habe; daß es freundliche und gute Menschen gibt ... Und wenn das alles nicht der Fall ist, kann ich mir ins Bewußtsein rufen, daß es weit schlimmer sein könnte. Kurzum, es gilt, Dankbarkeit in sich zu wecken. Sie ist der stärkste Gegenspieler der schlechten Laune. Man kann sogar danken, noch bevor man dieses oder jenes erhalten hat, denn die Hoffnung auf das Gute läßt das Gute eher eintreten. Wenn ich will, daß mir die Menschen gut begegnen, muß ich den Menschen vertrauen. Kein Mensch aber hat auf Erden einen schlimmeren Feind als sich selbst. Denn nichts quält mehr, als wenn ich mir selbst nicht gut bin.

Blick für die Freude

Kürzlich las ich eine Zeitungsnotiz, daß unsere Bundesbürger sich heute weniger freuen als früher. Eines der namhaften demoskopischen Institute hatte 1966 bei einer Repräsentativumfrage ermittelt, daß 66 Prozent auf die Frage „Wann haben Sie sich das letztemal gefreut?" mit „Heute" antworteten. Im Frühjahr dieses Jahres waren es nur noch 50 Prozent. Dabei kamen interessante Details zum Vorschein. Ältere Menschen freuen sich offenbar leichter. Da waren es 62 Prozent, die „heute" schon einen Grund zur Freude hatten. Nachdenklich macht die Tatsache: 9 Prozent der Bundesbürger gaben an, daß sie sich das letztemal vor einem Jahr oder gar „noch nie" gefreut hätten.

Weil das vielleicht interessiert, will ich auch der Rangfolge nach die Gründe für die Freude nennen. Da wurde angegeben: Ich freue mich über Kinder, über eine gesellschaftliche Veranstaltung in der Familie, über Besuch, Blumen, Gesundheit, über einen Telefonanruf; ziemlich am Schluß rangierten Fernsehsendungen als Freudenspender.

Ich weiß natürlich, daß Menschen unter Depressionen leiden können. Daß es psychische Störungen gibt, die Freude kaum aufkommen lassen. Und natürlich gibt es Ereignisse, bei denen einem das Lachen vergeht. Sehen wir einmal davon ab. Dann sollte man die Freude nicht als ein Naturereignis sehen, das man hat oder nicht hat. Man kann zur Freude etwas dazutun. Warum sind die einen Menschen in Einsamkeit, in finanziell angespannter Lage, im Alter froh und ausgeglichen, so daß jeder gern mit ihnen zu tun hat? Und andere, die alles haben, sehen in allem nur das Negative, leben deshalb isoliert, tragen an allem schwer?

Manche entdecken in allem Freude; sie haben einen Blick, ein Auge, ein Ohr dafür. Eine alleinstehende ältere Dame sagt mir oft: „Was hab ich heute schon wieder Schönes erlebt. Ich muß mich immer wieder wundern, wieviel Frohes auf mich zukommt." Dabei wäre der Alltag der Frau genauso grau wie der vieler anderer, wenn sie nicht ständig gegensteuerte. Eine über 90jährige, die in ihrem Bett – langsam mehr und mehr abnehmend – dem Tod entgegenging, im Rücken aufgelegen, sagte, wenn sie mal einige Worte herausbrachte: „Ich muß immer wieder froh sein und danken." Und das sagte sie trotz der großen Schmerzen. Natürlich mag dahinter auch der Wunsch gestanden haben, ihre Umgebung durch ihr eigenes Stöhnen, durch ihre Schmerzen nicht mitzubelasten; andere nicht traurig zu machen.

Hier stoßen wir auf einen konstanten Erfahrungswert: Wenn ich ständig darauf warte, daß *mir* Freude gemacht wird, erfahre ich keine Freude. Wenn ich ständig nur von anderen etwas erwarte, muß ich notwendig enttäuscht werden. Gerade erwarteter Besuch kommt oft nicht. Manchmal ist der Grund zur Freude schon da, ich sehe ihn nur nicht: in den kleinen Dingen, in den Alltagsereignissen, die auf mich zukommen, in einem Gruß, in einem Brief ... Wenn ich aber gar nicht darauf aus bin, sondern einfach die Absicht habe, zu schenken, wegzugeben, dann erlebe ich oft ganz unerwartet etwas, das Freude bringt. Es gibt Menschen, die können sich „diebisch" schon im voraus darauf freuen, wie andere sich freuen werden über die ausgedachte Überraschung. Ein einziger derartiger Einfall kann über Stunden Freude geben. Vorfreude und Nachfreude.

Kürzlich las ich: „Das einzige, was wir ernst nehmen sollten, ist der Humor, die Freude. Alles andere sollten wir mit Humor nehmen." Ich meine, das sei eine gute Sicht des Lebens. Der Mensch ist ein Wesen, das sich freuen, das lachen kann. Und dem Christen ist verheißen: „Euer Herz wird sich freuen, und niemand nimmt euch eure Freude" (Joh 16,22). In einem Gebet aus Afrika heißt es: „Ich werfe meine Freude wie Vögel an den Himmel. Ein neuer Tag, der glitzert und knistert, knallt und jubiliert von deiner Liebe. Jeden Tag machst du, Herr!"

„... Ihr werdet lachen" (Lk 6, 21)

Es hat einmal jemand gesagt: „Jeder Tag, an dem es mir nicht gelang, jemand zum Lachen zu bringen, ist für mich ein verlorener Tag." Das mag übertrieben erscheinen. Nur ganz kleinen Kindern gegenüber halten wir es für selbstverständlich, sie zum Lachen zu bringen. Da hat niemand Hemmungen, jeder ist froh, wenn ihm das gelingt. Aber gegenüber Erwachsenen? Macht man sich da nicht unter Umständen „lächerlich"?

Wenn wir ein Kind anlachen, verliert das kleine Gesicht seinen teilnahmslosen Ausdruck und geht in ein helles Lachen über. Das kommt dadurch zustande, daß sich ein Mensch dem anderen öffnet und zuwendet. Denn Lachen öffnet nicht nur den Mund, sondern das ganze Gesicht, den ganzen Menschen. Es befreit. Den anderen und einen selbst. Erinnern Sie sich nur, wie ein erstes Lachen nach einer spannungsgeladenen Atmosphäre – etwa in der Familie, in einer Gruppe – die Verkrampfung löste und alle befreit aufatmeten.

Natürlich ist uns oft nicht zum Lachen. Auch der Christ kennt die Trauer, die Tränen. Wahrscheinlich ist das eine ohne das andere gar nicht möglich. Denn „das Lachen hat seine Zeit, und das Weinen hat seine Zeit", sagt die Bibel (vgl. Koh 3, 4). Lachen und Weinen sind Geschwister. Wie oft liegen Tränen und Lachen nahe beieinander – vor allem beim Kind.

Wollte man das Lachen verbieten, hieße das, dem Menschen zu befehlen, etwas dranzugeben, das zu seinem Menschsein gehört. So wenig man Lachen gebieten kann, so wenig kann man es verbieten. Und wenn man gar Christen untersagen wollte, zu lachen oder andere zum Lachen zu bringen, dann hieße das, sie aufzufordern, ihr Christsein aufzugeben. Denn das wäre nun wirklich zum Lachen, wenn die, die aus einer Frohbotschaft leben, nicht lachen sollten. Wer sollte es dann überhaupt, wenn nicht die, von denen die Bibel sagt: „Selig, die ihr jetzt weint, ihr werdet lachen" (Lk 6, 21). Deshalb warnt Jesus: „Wenn du fastest, sollst du nicht traurig sein wie die Heuchler, die ein finsteres Gesicht machen, damit die Leute merken, wie sie fasten."

Neuerdings darf auch im Gottesdienst wieder gelacht werden. Bei Predigten geht gelegentlich ein hörbares Lachen durch die Kirche. Ich sage: wieder! Denn im christlichen Mittelalter gab es das längst. Da war z. B. an Ostern nach der langen Fastenzeit am Beginn der Predigt der Osterwitz üblich. Manche sagen, er war sogar vorgeschrieben, um den Stimmungsumschwung deutlich zu machen. Und mit diesem „Osterlachen", wie es genannt wurde, ging man in den Ostersonntag hinein. Das war Ausdruck des Glaubens an den Sieg über den Tod. Man muß einmal erlebt haben, welche Freude beispielsweise die Gläubigen in der Ostkirche bei der Weitergabe des Ostergrußes beherrscht: „Der Herr ist auferstanden!" Und der andere antwortet: „Wahrhaftig, er ist auferstanden."

Gerade Katholiken kennen den religiösen Witz. Die Religionsstunde, das Leben der Pfarrer, aber auch Texte der Bibel müssen dazu herhalten. Ich meine jetzt nicht den Spott über religiöse Dinge. Das ist etwas ganz anderes. Spott, Ironie haben mit richtigem Lachen nichts zu tun. Sie ergeben allenfalls ein verbissenes, verklemmtes Lachen. Aber man sollte meines Erachtens nicht so schnell hinter einem Pfarrer- oder Bibelwitz Spott vermuten. Religiöse Witze sind manchmal so gut, daß man darüber eben wirklich nur herzhaft lachen kann. Ist das nicht auch eine Form, den Glauben als Frohbotschaft zu verstehen?

Ich gestehe, daß ich früher mehr gelacht habe. Ich merke, daß ich darüber einmal Gewissenserforschung machen müßte, warum es heute weniger der Fall ist. Das Zivilrecht bestraft unterlassene Hilfeleistung. Ob das Nicht-zum-Lachen-Bringen auch eine unterlassene Hilfeleistung ist? Weil Lachen ansteckt und diese Art von Ansteckung ein gutes Werk ist? Lachen ist nichts Lächerliches.

Schlecht gelaunt?

Viele Leute klagen: „Heute bin ich schlecht gelaunt." Der eine sagt es mit leichtem Ingrimm, der andere will damit Aufmerksamkeit oder Anteilnahme wecken, ein Dritter kokettiert mit seiner schlechten Laune und kommt sich darin interessant oder tragisch vor. Im günstigsten Fall will man sich mit dieser Bemerkung im voraus dafür entschuldigen, daß man heute kein guter Gesprächspartner ist oder daß die Arbeit nicht so von der Hand geht. Kein Mensch ist gegen die schlechte Laune gefeit. Wenn wir danach gefragt würden, könnten wir oft kaum sagen, warum wir eigentlich so übel gelaunt sind. Das ist ein Zeichen dafür, daß der Anlaß meist nichtig ist und in seiner Geringfügigkeit kaum der Wirkung entspricht, die er hervorruft.

Natürlich erwacht man am freien Samstag um neun Uhr angenehmer als montags um sechs. Natürlich ist heiteres Wetter angenehmer als Nieselregen; natürlich ist es nicht erfreulich, wenn man sich beim Rasieren schneidet, wenn das Auto nicht anspringt oder die Straßenbahn Verspätung hat. Aber ehe man sich's versieht, ist aus der Kleinigkeit eine Lawine geworden, die sich ständig ausbreitet und den ganzen Tag überrollt. Jedes weitere Ereignis wird im Lichte dieses ersten Ärgers gesehen: man hat es ja gleich gewußt, daß heute ein Unglückstag ist. Kein Wunder, daß deshalb alles mißlingt. Aber vielleicht ist es genau umgekehrt: daß nämlich die schlechte Laune die Ursache für manches Mißlingen, für manchen neuen Ärger ist.

Wenn der Ärger uns erst einmal beherrscht, mißlingt tatsächlich alles. Es ist zwar alles wie sonst, aber alles geht einem mehr auf die Nerven. Hier beginnt bereits der Teufelskreis: die schlechte Laune kommt auf einen selbst zurück, sie gebiert ständig neuen Mißmut, der einem dann nur wiederum bestätigt, wie recht man damit hatte, schlecht gelaunt zu sein. Wer am Morgen erst einmal die Brille des Ärgers aufgesetzt hat, sieht leicht den ganzen Tag durch diese Brille. Alles wird ihm verleidet.

Gibt es da keinen Ausweg? Doch, es gibt ihn, aber er ist nicht leicht zu finden. Es gilt, sich selbst gleich am Anfang in diesem Zustand zu erkennen und von sich Abstand zu gewinnen. Oft genügen fünf Minuten der Besinnung: Mensch, was ist denn mit dir los! Es ist doch alles nicht der Rede wert; du verlierst ja jedes Maß; nimm dich doch nicht so wichtig; laß dich doch nicht von solchen Lappalien umwerfen! Und dann – nicht mehr darauf zurückkommen, nicht mehr daran rühren. Je mehr wir uns mit unserer Laune befassen und uns bemitleiden, um so intensiver wird diese negative Kraft in uns.

Eine Form, Abstand von den Dingen zu gewinnen, ist das Gebet. Wer sich im Gebet von sich löst und auf Gott ausrichtet, gewinnt das richtige Verhältnis zu allem. Da wird manches klein, was zuvor furchtbar wichtig und ärgerlich erschien. In dieser Weise von sich und seiner Laune loskommen gelingt vor allem dadurch, daß ich den Blick auf andere richte: ein Wort sage, wo ich mich am liebsten verriegelt hätte; eine kleine Hilfe anbieten, wo ich meinte, keine Zeit zu haben – und der Tag erscheint auf einmal gar nicht mehr so dunkel wie vorher. Es geht um ganz kleine Dinge, um ein bißchen spontanes Gutsein, das kann stundenlang froh machen. Ich habe es schon oft erfahren, daß ich selbst dabei nur der Gewinnende bin; daß durch eine kleine Gefälligkeit heiteres Wetter in meinen Alltag kommt. Andernfalls kann es sein, daß ich an meiner schlechten Laune ersticke, und meine Umgebung muß es tragen.

Ansteckungsgefahr

In einer Stadt wurde Pockenalarm gegeben. Einer war von einer Auslandsreise zurückgekommen und hatte die Krankheit eingeschleppt. Und nun galt es, die Kontaktpersonen festzustellen, die von dem Kranken angesteckt sein konnten. Es waren – ich wunderte mich über die große Zahl – innerhalb von wenigen Tagen 459 Personen.

Es ist uns wahrscheinlich kaum bewußt, mit wie vielen Menschen die meisten von uns an einem einzigen Tag zusammenkommen, ein paar Worte wechseln, wieder auseinandergehen. Und dann ist etwas übergegangen. Ich meine jetzt nicht den Bazillus. Vielleicht ist es ein Wort, das wir nicht einmal besonders beachtet haben. Den anderen jedoch läßt es nicht los. Oder die Art, *wie* etwas gesagt wurde – eindringlich oder verzagt, verlegen oder überlegen, aggressiv oder bescheiden –, hat bei dem anderen einen bestimmten Eindruck hinterlassen. Eine Bedrückung, die uns anzumerken war, eine Nervosität, eine Aggression oder unser Schweigen, aber auch eine Freude haben den anderen „angesteckt", zum Guten oder zum Schlechten. Ich wundere mich immer wieder, daß mir Menschen nach vielen Jahren sagen: „Sie hatten damals dies oder jenes gesagt." Mir ist das längst nicht mehr bewußt. Aber dort hat es etwas bewirkt.

Der Ansteckungsgefahr gegenüber gibt es die Überängstlichen, die in ständiger Furcht leben, sich irgendwo eine Krankheit zu holen. Gerade die erwischt's oft. Ebenso gibt es die Überängstlichen im normalen Umgang mit anderen Menschen. Bei anderen meinen sie, jedes Wort, jede Geste deuten zu sollen. Und sie selbst unterdrücken wegen ständiger Reflexion, ob dieses oder jenes zu sagen angebracht sei, jedes spontane Handeln. Vor lauter Selbstkontrolle halten sie lieber den Mund, um nur kein falsches Wort zu sagen. So wird auf die Dauer jeder menschliche Kontakt steril, eingeengt. Dahin darf es nicht kommen. Ich kann nur versuchen, nicht jede Laune, jede Stimmung überspringen zu lassen. Es geht nicht um ein Sich-Verstellen. Ich darf ruhig auch eingestehen, daß mich etwas sehr beschäftigt, daß ich niedergedrückt bin. Manchmal kann es helfen, sich dafür zu entschuldigen, zum Ausdruck zu bringen, daß ich heute abend möglicherweise kein guter Gesellschafter bin; daß das aber gar nichts mit dem Gegenüber zu tun hat. Und erst recht brauche ich vor dem Anstecken keine Angst zu haben, wenn ich dadurch etwas Erfreuliches weitergeben kann. Es gibt so viel Mangel an Erfreulichem in der Welt, daß ich nichts davon für mich behalten sollte. Wir leben ja alle voneinander. Und wenn Lachen ansteckend wirkt, so ist das eine gute Sache.

Jesus wirkte ganz sicher ansteckend auf seine Zeitgenossen. Das heißt, daß eine Kraft von ihm ausging, daß die Menschen um ihn herum sich veränderten. Sünder, die in seinen Bannkreis gerieten, wurden ganz andere Menschen; fragten „Was sollen wir tun ...?" Und er hat die Seinen geradezu aufgefordert, ansteckend zu sein, ja sogar zu „zündeln". Er will, daß das Feuer, das er auf die Erde bringt, brennt (Lk 12,49). Er will, daß wir Salz der Erde sind, Sauerteig, der weiterwirkt. Nichts wäre uns wichtiger als diese Ansteckung im Guten, im Glauben.

Sei ohne Furcht, glaube nur

Markus 5, 36

Nichts sagt so viel über den Menschen aus wie sein Gesicht und seine Hand.
Die Hand, das Organ des Tastsinnes, der Berührung.
In diesem Sinne sprechen wir von der Hand Gottes und wollen damit zum Ausdruck bringen, wie Gott dem Menschen persönlich nahe ist, sich an ihn herantastet, den Kontakt mit ihm sucht.
Gottes Hand – ich habe sie bisher immer als eine offene, hohle Hand gesehen, in die ich mich wie ein Vögelchen, das aus dem Nest gefallen ist, kuscheln kann.
„Selbst das Dunkel, das mich umgibt, ist nur der Schatten seiner Hände, die mich tragen", hatte ich einmal gehört.
„In deiner Hand liegt mein Geschick" (Ps 31, 16).
„Sieh her, ich habe dich in meine Hände eingezeichnet" (Jes 49, 16).
Dabei weiß ich, daß Gottes Hand auch schwer auf einem Menschen liegen kann (vgl. Ps 32). Sie kann schlagen, um zu heilen (vgl. Ijob 5, 18).
Hier ist Gottes Hand weit offen, erhoben. Und der Mensch steht frei und aufrecht auf Daumen und Zeigefinger, mit Leichtigkeit von Gottes Hand getragen.

Vom Boden menschlicher Schwerkraft
in schwindelerregende Freiheit erhoben,
richtet sich der so getragene Mensch
– etwas unsicher noch ob dieser Höhe,
aber ohne Angst – voll auf,
das Gesicht nach oben gerichtet;
staunend, ahnend, glaubend,
daß Gottes Kraft in weitere Höhen führen kann und will,
wenn sich der Mensch nur losläßt,
tragen läßt, ver-läßt, einläßt auf das,
was Gott mit ihm vorhat.
Freiheit braucht ein festes Fundament, einen festen Halt.
Gottes Hand engt nicht ein, sie befreit mich zu mir selbst,
indem sie mich zu sich emporhebt.

Ich halte meine Seele in die Sonne

Viele Menschen sind sehr vom Wetter abhängig. Ein Tief bringt ihnen Kopfschmerzen, Gliederschmerzen, Depressionen. Ob die Sonne scheint, oder ob es trüb und neblig ist, kann die Stimmung eines ganzen Tages bestimmen. Trübes Wetter trübt die Laune, den Blick; sonniges Wetter aber kann Menschen zum Strahlen bringen, kann sie zur Sonne für andere werden lassen.

Die Sonne ist nicht nur Urheberin biologischen Lebens, sie ist auch Symbol für das Leben überhaupt. Wir sprechen ja von einem sonnigen Leben oder von den Sonnenseiten des Lebens, wenn es jemand gut geht. Hier werden tiefe Lebenszusammenhänge deutlich. Es gibt Augenblicke, wo alles in uns hell ist; faszinierende Klarheit, Überblick, Durchblick, keine Probleme. Und wir haben nichts dazugetan, daß es so ist. Und dann kommen die Wolken, die Eintrübung; die klaren Linien verschwinden, alles scheint aussichtslos, wie verbaut. Nicht einmal der nächste Schritt ist mehr klar. Man kann, wie der Autofahrer im dichten Nebel, nichts anderes tun als warten, bis die Wolken sich verziehen und es wieder heller wird. Bis wieder Klarheit und Licht von oben kommt. Denn Klarheit und Helle kommen nicht von uns und von den Dingen. Sie werden uns geschenkt.

Wir selbst sind keine Sonnen. Im Gegenteil, wir werfen den Schatten. Die Sonne wirft keinen Schatten, ihr Licht läßt den Schatten nur deutlicher hervortreten. Wir können den Schatten von uns aus deshalb auch nicht aufhellen. Wir können ihn nur überwinden, wenn wir uns und die Dinge der Sonne aussetzen. Wir können die Zeiten der Dunkelheiten nur durchstehen, wenn wir daran festhalten, daß es die Sonne gibt, auch wenn wir sie nicht sehen, weil zur Zeit Wolken unser Leben überschatten. Wir können das Sonnenlicht nicht – wie die Schildbürger es versuchten – in Säcke abfüllen und aufbewahren. Vielleicht würden wir die ständige Sonne nicht einmal ertragen. Vielleicht brauchen wir die Eintrübung, damit die Sehnsucht nach Licht und Höhe in uns wachbleibt. Und damit wir nicht vergessen, wie abhängig wir davon sind.

Ohne das Licht der Sonne sehen wir so gut wie nichts. Unser künstliches Licht kann uns da nur bedingt weiterhelfen. Das Licht aber, das auch in das Dunkel der Fragen nach dem Woher und Wohin hineinleuchtet, ist unser Glaube. Ist das Wort Gottes. In diesem Licht sieht der Gläubige nichts Außergewöhnliches; aber er sieht nichts mehr nur gewöhnlich. Er sieht das gleiche, was jeder andere auch sieht; aber er sieht und deutet es anders, nämlich in der Zusammenschau mit dem, was Gott uns über sich und uns selbst offenbart.

Ich las kürzlich: Beten heißt: ich halte meine Seele in die Sonne. Wie weit ist diese Sicht des Glaubens entfernt von jener düsteren, die im Glauben nur Last und im Gebet nur eine Pflichtübung und verlorene Zeit sieht. Ich halte meine Seele in die Sonne. Ich setze mich Gott aus, weil ich Licht und Wärme nicht aus mir selbst habe, sondern empfangen muß. Weil ich beides sonst nicht weitergeben kann. In einer Meditation von Elmar Gruber scheint mir das alles zusammengefaßt zu sein:

> Sonne scheint auf alles,
> macht die Dinge für uns sichtbar.
> Alles wird durch sie zu unserer Welt.
> Sie gibt auch Schatten einen Sinn.
> Menschen sind oft trüb, nicht sonnig ...
> Trübe Menschen haben keine Ahnung von dem,
> der seine Sonne scheinen läßt auf alles,
> auf Gute und auf Böse.

Glaubenserfahrung

Wir haben alle schon gesehen, wie kleine Kinder ein Spielzeug zerlegen. Sie wollen sehen, „was drinnen ist". Erst recht wollen wir als Erwachsene allem auf den Grund gehen. Dabei lassen wir nur gelten, was im Experiment aufweisbar ist. Oder was wir selbst erfahren.

Hier beginnt für viele die Schwierigkeit gegenüber dem Glauben. Denn Gott ist nicht wie ein Ding – etwa im Reagenzglas oder unter dem Mikroskop – aufweisbar. Aber die menschliche Wirklichkeit weist real, also auch erfahrbar, auf Gott hin. So gibt es indirekt durchaus Erfahrungen mit Gott. Nur hat unsere rein rationale Denkweise zu einem Ausfall von Erfahrungen geführt. Und selbst die Kirchen haben verlernt, derartige Erfahrungen zu vermitteln. Auch wir Theologen haben uns daran gewöhnt, nur den Verstand anzusprechen, Glaubenssätze zu erklären, anstatt zur Glaubenserfahrung anzuleiten. Aber ein Glaube, der sich nicht auf eigene Erfahrung berufen kann, bleibt Theorie. Er verkümmert bei der nächstbesten Krise.

Ich bin überzeugt, daß die meisten von uns schon die Erfahrung gemacht haben, daß unser Leben von einer unendlichen Kraft, von einem Du, getragen ist. Meist wird uns das freilich erst im nachhinein bewußt. Und auch das nur, wenn ich nicht in ständiger Ablenkung meinen Tag verbringe. Ich nenne ein paar Möglichkeiten derartiger Erfahrungen:

- Habe ich schon einmal – vielleicht nur für kurze Zeit – das Bewußtsein von einem letzten Sinn meines Lebens gehabt, der nicht einmal durch den Tod in Frage gestellt werden kann?
- Habe ich schon Augenblicke in meinem Leben gehabt, wo mir innere Klarheit und Durchsicht geschenkt wurde und jeder Zweifel von mir abfiel?
- Habe ich schon einmal erlebt, wie mir trotz aller äußeren Unruhe unerwartet und überraschend innerer Friede geschenkt wurde?

- Habe ich schon einmal Trost gespürt, wo eigentlich alles aussichtslos schien?
- War ich schon einmal von einer inneren Freude erfüllt, die kein Mensch nehmen kann? Obwohl ein konkreter Anlaß dafür nicht gegeben war, sondern eher das Gegenteil?
- Habe ich schon einmal die feste Überzeugung gewonnen, daß ein Ereignis nur als Erhörung meines Gebetes zu verstehen sein kann?

Ich könnte die Aufzählung fortsetzen. Natürlich rechne ich mit dem Einwand, daß man dies alles ganz einfach erklären könne: als Einbildung, als Phantasie, als psychologischen Prozeß. Daß aber ein bestimmtes Ereignis mehr ist, daß es einen doppelten Boden hat, das kann nur ermessen, wer es selbst erfährt. Deshalb sind derartige Erfahrungen nicht übertragbar. Für einen selbst aber haben sie eine innere Evidenz, die ebensowenig von anderen zu erschüttern ist, wie ich andere damit überzeugen kann.

Zwei Voraussetzungen scheinen mir nötig, um zu derartigen Erfahrungen zu kommen: Erstens: Ich muß mich einfach einmal auf den Glauben einlassen. Also ein wirkliches Experiment beginnen. Nur so kann ich ausprobieren, ob dieser Glaube wirklich das Leben trägt. Wer nicht ins Wasser geht, lernt nie schwimmen. Wer nur theoretisch an den Glauben herangeht, bleibt ohne Erfahrung. Im Vollzug aber mache ich wirklich Erfahrung: Licht – wo eigentlich nur Dunkelheit sein müßte; Geborgenheit – wo alle mich verlassen; Sinn – wo alles unter den Händen zerrinnt. Augustinus sagt: Suche nicht zu verstehen, um dann zu glauben; sondern glaube, damit du so verstehst. Wenn ich ein einziges Pfefferkorn zerbeiße, weiß ich mehr über Pfeffer, als wenn ich ein ganzes Buch darüber lese.

Die zweite Voraussetzung: Das Alltägliche nicht zu alltäglich nehmen, sondern auf Gott hin „abklopfen". Ihn in allen Dingen suchen.

Bekümmerter Unglaube

Die Zeiten sind vorbei, wo ein Ungläubiger von der Gesellschaft abgeschrieben wurde. Es gilt heute als fortschrittlich, ungläubig zu sein. Aber Unglaube und Unglaube sind zweierlei. Zweifellos gibt es den Unglauben aus Überzeugung. Menschen, die Schweres im Leben durchgemacht haben, können oft nicht mehr an Gott glauben. Aber gerade diese Menschen gehen mit ihrem Unglauben nicht hausieren.

Andere aber wollen mit ihrem wirklichen oder angeblichen Unglauben nur herausfordern, die Gläubigen in die Enge treiben. Mit einem solchen Menschen hatte ich kürzlich zu tun. Er ist Student. Er gestand mir später, daß er mir nur geschrieben hatte, um sich an meinem hilflosen und vergeblichen Versuch zu weiden, ihm Gott zu beweisen. Aber es kam ganz anders. Am besten lege ich ein paar Sätze aus einem Brief vor, den er mir schrieb:

„Zunächst bereute ich es, mich auf eine Korrespondenz mit Ihnen eingelassen zu haben. Ich schrieb Ihnen schon, daß für mich Gott tot war. Heute muß ich sagen, er ist nur vermißt. Er ist aber nicht vermißt in dem Sinn, daß der Vermißte mit einiger Sicherheit nicht mehr lebt, sondern er ist vermißt in einem Sinn, daß ich glaube, er lebt. Ich kann noch nicht sagen „er lebt". Nur glaube ich, während der letzten Zeit Gott nie so nahe gewesen zu sein. Ich bin jahrelang nicht in einer Kirche gewesen, aber ich suche Gott. Ich habe ihn im Grunde immer gesucht. Ich weiß nicht, ob ich ihn je erreichen werde. Aber allein die Tatsache, daß ich es versuche, ist für mich neu und bestechend. Allein schon diese Suche hat mir gewisse Dinge eröffnet; mein Blickwinkel ist ein anderer geworden."

Mir ist selten so deutlich geworden, wie differenziert doch das gesehen werden muß, was sich Unglaube nennt. Ich sage absichtlich „was sich Unglaube nennt", weil ich nicht wage, einen Menschen von mir aus ungläubig zu nennen. Aber auch die sich selbst so nennen, haben ganz verschiedene Motive. Vielleicht haben wir es uns oft zu leicht gemacht in der Beurteilung oder gar Verurteilung dieser Menschen. Es gibt wahrhaftig nicht nur den Unglauben aus Bequemlichkeit; es gibt vielleicht sogar Ungläubige aus Liebe zu Gott. Das mag paradox klingen. Aber ihnen ist der Gottesbegriff, wie Gläubige ihn gelegentlich voraussetzen, zu klein, zu menschlich. Und viele, die sich Ungläubige nennen, sind eher Suchende. Ich bin immer wieder überrascht, mit welchem Engagement viele um den Glauben ringen und vielleicht schon in einem tieferen Sinn mehr gläubig sind als manche, die nur aus Tradition einer Kirche angehören. Denn wie könnte man etwas dringend suchen, wenn man es nicht schon irgendwie liebte? Ich bin wieder einmal vorsichtiger geworden in meinem Urteil über andere.

Einer sagte mir einmal: „Mein Unglaube ist keine Überzeugung, sondern das Fehlen einer Überzeugung. Ich beneide jeden, der glauben kann." – In einer Zeitschrift stand: „In der materiellen Zivilisation steckt der Wurm der Glaubenssucht und streckt tausend Fühler aus ..." Immerhin gut beobachtet, daß der Wunsch, zu glauben, auch heute stark durchbricht. Nur würde ich das Verlangen nach Glaube nicht als Wurm bezeichnen, sondern als etwas, das zum Menschen gehört. Wenn wir so weitermachen, fangen wir an, wieder mit Gott zu rechnen. Ich bin überzeugt, das ist genau das, was uns fehlt.

Glaube als Last

Neulich sagte mir einer: „Wir Christen haben es eigentlich viel schwerer als die Menschen, die an gar nichts glauben." Ich fragte: Wieso? „Das ist doch klar", meinte der junge Mann, „wir kennen die Gebote und müssen deshalb auch danach handeln, wenn wir nicht sündigen wollen. Die anderen wissen von allem nichts, und es berührt sie darum auch nicht. Sie leben viel freier und unbeschwerter."

Mir war diese Denkweise nicht fremd. Insgeheim denken viele Christen so. Aber ich bekam doch einen Schreck, als ich das hörte. Die Frohbotschaft wird also von manchen, die sich Christen nennen, als Last empfunden. Wie vieles muß da schief liegen, vielleicht auch in unserer Verkündigung, daß es das geben kann.

Gewiß, Christus verkündete keine Zügellosigkeit, aber wer wollte das auch wünschen! Wäre das eine Last, die ein jeder dem anderen dadurch aufbürdete! Das Gesetz der Ellenbogen wäre die Folge. Jesus bringt eine Ordnung, aber eine Ordnung, die das freie Zusammenleben erst ermöglicht. Wer etwa möchte sich im Ernst ein Elternhaus wünschen, in dem jeder machen kann, was er will?

Bleiben wir doch einmal bei diesem Bild von der Familie und setzen wir voraus, daß es sich um ein ordentliches, gutes Elternhaus handelt. Nur der unfertige Mensch könnte darüber sagen: Das ist mir eine Last. Eigentlich haben es die besser, die nie ein Elternhaus gekannt haben. Für mich ist das alles nur Einschränkung, Gebot und Forderung. Da läge offenbar eine krankhafte Blickverengung vor, die sich einseitig auf die Forderungen fixiert, wie sie jedes Zusammenleben notwendig macht. Sind aber die Forderungen das, was die Familie ausmacht?

Genauso müssen wir fragen: Sind die Forderungen das, was das Christentum ausmacht? Wahrhaftig nicht. Die Grundhaltung im christlichen Leben ist die Liebe. Wenn einer wirklich liebt, wird er sich nicht eingeengt fühlen, weil er nun den anderen nicht mehr belügen, nicht schädigen, nicht verspotten, nicht verletzen darf. Solche Gedanken kämen ihm gar nicht. Er würde es auch nicht als Last empfinden, häufig am Tag an den anderen zu denken, ihm Geschenke zu machen, Gefälligkeiten zu erweisen. Liebe verändert das ganze Wesen. Der Liebende wird alles Tun und Lassen nach dem Willen des anderen ausrichten; er wird nicht fragen: Was *muß* ich denn unbedingt tun, damit ich den anderen nicht verletze?, sondern: Was *kann* ich denn tun um des anderen willen? Die Frage nach dem Muß wird gar nicht gestellt, sondern die Frage nach dem Können. Nur eine abgestandene Liebe kann in dem Zusammensein mit dem anderen nichts als Pflicht erkennen.

Genauso ist es auch im Christenleben. Nur eine mangelnde Gottesliebe kann sich fragen: Was muß ich alles tun, um noch als Christ zu gelten? Welchen Verfehlungen muß ich unbedingt ausweichen, um die Verbindung mit Gott nicht zu verlieren? Christliches Leben ist etwas ganz anderes als das Einhalten von Geboten und Verboten, es ist die Antwort der Liebe auf die Liebe Gottes zu uns. Eine solche Liebe fragt nicht, was muß ich alles tun, sondern: was kann ich tun und einsetzen. Wer das begriffen hat, dem ist der Glaube nicht Last, sondern Lebenselement, ohne das er nicht sein könnte.

Glaube und Angst

Immer wieder hört man, daß Schüler sich aus Angst nicht mehr nach Hause trauen. Und es ist keineswegs so, daß die Ängste aufhören, wenn wir erwachsen sind. Jeder kennt Angst. Sie gehört zur menschlichen Existenz. Dahinter steht die Erfahrung unserer Geschöpflichkeit, unserer Wehrlosigkeit gegenüber allem Unbekannten. Angst vor Prüfungen, vor Krankheiten, vor der Einsamkeit, vor dem Verlust eines geliebten Menschen, vor dem Tod.

Aber diese Ängste können sich ins Krankhafte steigern. Psychologen kennen zwanghafte Ängste: Angst vor Entscheidungen, Angst vor Bindungen, Angst vor dem Offenbarwerden eigener Schwächen … Sie kennen aber auch Ängste, die religiöse Ursachen haben: Sündenangst, Angst, keine Vergebung zu finden, von Gott verworfen zu sein.

Wo der Glaube Ängste erzeugt, handelt es sich immer um eine gestörte Glaubens- und Gottesvorstellung, nie um eine christliche. Christlicher Glaube ist auf den Kopf gestellt, wenn er – anstatt zu befreien – Angst einjagt. Mag sein, daß gelegentlich auch Prediger mit dieser Angst gearbeitet haben. Aber sie haben dann nicht den christlichen Glauben verkündigt. Glaube kann durchaus auch Schweres fordern. Glaube ist nie etwas Unverbindliches. Aber er ängstigt nicht. Im Gegenteil: Er ermutigt selbst da noch, wo wir versagen und schuldig werden. Wo menschliche Situationen ausweglos sind. Alles andere ist ein Mißverständnis des Glaubens.

In der Bibel kommt das Wort Angst nie im Zusammenhang mit dem vor, was von Gott her kommt. Es gibt da ein momentanes Erschrecken, wo Menschen dem Göttlichen begegnen, also Ehrfurcht. Aber eigentliche Furcht wird in diesen Augenblicken ausdrücklich verwehrt durch das Wort „Fürchtet euch nicht". Ausgerechnet 365mal steht das in der Bibel. Als ob das für jeden Tag gesagt sein sollte. Man kann deshalb sagen: Angst ist immer etwas, was nicht von Gott kommt. Auch nicht die Sündenangst. Jesus sagt: „Seid ohne Angst! Glaubt an Gott und glaubt an mich" (Joh 14,1).

Die Bibel ermutigt uns, in Ängsten uns an Gott zu wenden. „Ich rufe zu dir, da mein Herz in Ängsten ist", heißt es im Psalm (61,3). In einem anderen: „Er rettet sie aus ihren Ängsten" (Ps 107,6). Das heißt nicht, daß es für die Gläubigen keinen Anlaß mehr gäbe, sich zu ängstigen. Schon deshalb nicht, weil Menschen ja selbst einander Angst einjagen. Aber wir brauchen nun keine Angst mehr vor der Angst zu haben. Mitten in die Angst hinein, die zu unserer Vergänglichkeit nun einmal gehört, erfahren wir, daß auch diese Angst im Blick Gottes ist, daß er uns darin nahe ist. Und daß er ein Leben ohne Angst für uns bereithält.

Auch Jesus kannte Angst. Am Ölberg. Und er sprach darüber mit dem, von dem er sich in diesem Augenblick verlassen fühlte. Aber gerade so überbrückte er den Abgrund der Angst und wußte sich in den Händen dessen, den er auch in dieser Situation seinen „Vater" nannte. Schon der Gottesname des Alten Testamentes Jahwe bedeutet „Ich bin der, der immer bei euch ist" (vgl. Ex 3,14). Angst entspringt zutiefst aus der Ungeborgenheit, aus der nicht zu leugnenden Hinfälligkeit unseres Lebens. Im Glauben aber weiß ich, daß ich hoffen darf, nicht ins Bodenlose zu fallen, sondern in die Hände des lebendigen Gottes.

Von Papst Johannes XXIII. stammt das Wort: „Wer Glauben hat, zittert nicht; er überstürzt nicht die Ereignisse; er ist nicht pessimistisch; er verliert nicht die Nerven."

Entscheidung befreit

Wir treffen ständig – bewußt oder unbewußt – eine Auswahl. Das beginnt mit dem Sehen. Vieles nehmen wir anders wahr, als es in Wirklichkeit ist; anderes übersehen wir ganz. Ohnedies überblicken wir immer nur einen geringen Ausschnitt der Wirklichkeit. – Ähnlich ist es mit dem Hören. Ein Rundfunkgerät gibt jeweils nur *einen* Sender scharf wieder. Ebenso hören wir nur einen geringen Ausschnitt der Schallwellen, die ständig an unser Ohr dringen. Manches könnten wir durchaus noch hören, wenn wir uns bewußt darauf einstellten.

Auge und Ohr wählen unbewußt aus. Aber vieles bleibt meiner bewußten Entscheidung überlassen: ob und welche Fernsehsendung ich sehe; ob ich mich in meine vier Wände verkrieche oder Kontakt suche; ob ich rede oder schweige – diesem Menschen, diesem Ereignis, dieser Frage gegenüber; welche Arbeit ich zuerst anfange; was ich mir für die Freizeit auswähle; welche Begegnung ich suche usw. Es ist beinahe erschreckend, an die vielen Möglichkeiten zu denken, die trotz meines weithin festgelegten Tagesablaufes noch möglich sind.

Ich habe die Erfahrung gemacht, daß es eine Hilfe ist, im voraus eine Auswahl zu treffen. Sich innerlich festzulegen. Wenn man sich beispielsweise einen Termin vormerkt, dann hält man sich auch daran. Was wir aber der Augenblicksentscheidung überlassen, unterbleibt leicht, besonders wenn es sich um weniger angenehme Dinge handelt. Wenn man plötzlich vor einer Entscheidung steht, gibt meist die Trägheit oder das eigene Interesse den Ausschlag. Einer Versuchung erliegen wir ja beispielsweise vor allem dann, wenn uns etwas überrascht. Habe ich mich aber vorher festgelegt, diese Grenze überschreitest du in keinem Fall, dies oder jenes kommt überhaupt nicht in Frage, dann bin ich herrlich frei. Dann kommt vieles gar nicht mehr an die Entscheidungsgrenze heran.

Wir sprechen hier von dem alten „guten Vorsatz", der Vorausplanung, der vorausgehenden Festlegung. Gerade im Religiösen gilt das in besonderer Weise. Ich täusche mich doch nur, wenn ich mir einrede „Ich bete, wenn es mich drängt". Das ist doch nur ein Vorwand für seltenes und unregelmäßiges Gebet. Wie gut, daß das Kirchenjahr uns feste Zeiten gibt, an die man sich halten kann. Daß es den Sonntag gibt als einen festen Termin, der nicht austauschbar ist (die gleitende Arbeitswoche hat sich, wo sie notwendig ist, bereits als ein großer Nachteil erwiesen).

Wenn ich mir zu alldem die feste Ordnung gebe, daß der Sonntags-Gottesdienst für mich nicht zur Disposition steht, dann brauche ich nicht erst beim Aufwachen – also in der schwächsten Situation – eine neue Entscheidung zu fällen, ob ich heute zur hl. Messe gehe oder nicht. Ich bin frei von einem neuen Entscheidungsdruck.

Es hat einmal jemand gesagt: Wenn ich früher über einen Bach mußte, der mir zu breit schien, dann warf ich vorher meinen Schulranzen oder etwas anderes hinüber, dann mußte ich nach. Im Vorsatz, in der Vorausplanung werfen wir unseren Willen auf das andere Ufer. Dann fällt der Sprung leichter. Das gilt auch für den Glauben.

Der Schlüssel zum Ich und Du

Haben Sie schon einmal Ihren Schlüsselbund verloren? Oder vielleicht nur einen einzigen, aber sehr wichtigen Schlüssel, etwa den Autoschlüssel? Da steht man dann vor – oder auch hinter – einer Tür, und unsere Freiheit hängt an diesem kleinen Stück Metall. Suchen, gewaltsames Öffnen, Absagen von Terminen, lästige Neubeschaffung, Ausbau von Schlössern ... all das geht uns blitzartig durch den Kopf. Unter Umständen würden wir viel Geld im Augenblick für den verlorenen Schlüssel zahlen.

Eigentlich ein seltsames Ding, so ein Schlüssel. Für sich genommen hat er keinen Wert. Ein eigenartig geformtes Stück Metall, nicht einmal sehr schön – ohne Schloß völlig sinnlos. Im Zusammenhang mit einem Schloß, einer Tür aber unersetzlich. Nicht in der Sache selbst, sondern nur in seiner Funktion, in der Zuordnung zu einem anderen liegt seine Bedeutung.

Ich meine, daß uns alles ein Gleichnis sein kann für eine tiefere Wirklichkeit. Wir müssen nur hinter die Dinge zu schauen versuchen, d. h. sie meditieren, dann werden sie lebendig und sprechen uns an.

Zum Beispiel könnte uns einfallen, daß es auch verschlossene Menschen gibt, und vielleicht gehöre ich selbst dazu. Wir wissen, daß Kinder sich vor den Eltern verschließen können, aber auch Ehegatten voreinander, Menschen, die nebeneinander arbeiten. Auch hier kann nur der richtige Schlüssel aufschließen, sei es ein Mensch, der zu diesem Menschen paßt; sei es ein passendes Wort, eine Tat, eine Begegnung, ein Gebet, eine Freude oder vielleicht ein sehr langer Prozeß der Befreiung. Jedenfalls kann der Versuch mit dem falschen Schlüssel die Sache nur verschlimmern. Erst recht kann man einen Menschen nicht mit Gewalt aufbrechen wie einen Schrank, ohne ihn zu zerstören. Selbst ein Kind verschließt sich uns dann um so mehr. Es gibt Menschen, denen gegenüber man sich leichter erschließt, und es gibt andere, die einem den Mund geradezu verriegeln. Nur wer sich selbst anderen gegenüber zu öffnen bereit ist, wird auch anderen helfen können, sich zu öffnen. Güte, Entgegenkommen, Geduld und Vertrauen öffnen eher als Zureden oder Eindringlichkeit.

Ist nicht mancher sogar sich selbst gegenüber verschlossen? Bleiben wir alle uns nicht selbst im letzten ein Geheimnis? Ich bin sicher, daß es einen Schlüssel zu uns selbst geben muß, denn jedes Schloß ist sinnlos ohne Schlüssel; und wir sind uns zutiefst verschlossen. Dieser Schlüssel ist für mich Gott. Ohne Gott mitzudenken, können wir uns selbst nicht erschließen und verstehen. Die Heilige Schrift jedenfalls sagt, daß er öffnet, so daß niemand wieder schließen kann, und daß er verschließt, so daß niemand wieder öffnen kann (Offb 3, 7). Es gibt Einsichten, geistige Räume, Horizonte, die werden nur gewonnen, wenn Er die Sinne aufschließt. Glaube hat die Fähigkeit, die Sinne für die Wirklichkeit zu erschließen. Diese Wirklichkeit aber ist mehr als das, was in die Augen fällt; ist mehr als das Greifbare. Mehr als Schlüssel oder Tür, mehr als Tisch oder Straße. So wichtig diese Dinge sind, sie sind selbst wieder nur Schlüssel zu einer tieferen Wirklichkeit. Der Glaube hilft mir, die Dinge – und mich selbst – zu entschlüsseln. Erst dadurch wird es möglich, hinter die Dinge – und hinter mich selbst – zu schauen.

Glaube und Wissen

Ich las kürzlich, das Gesamtwissen der Menschheit habe sich in den letzten hundert Jahren um das Sechzehnfache vergrößert, in den letzten sechs Jahren allein habe es sich verdoppelt. Wenn das kein Fortschritt ist! Überlegen Sie, welche Erfindungen alle in den letzten hundert Jahren gemacht wurden, und vergleichen Sie damit die gesamte menschliche Entwicklung vorher. Haben wir es nicht wirklich weit gebracht? Die Frucht davon sind großartige Erleichterungen auf allen Gebieten – vom Haushalt angefangen bis hin zu unseren modernsten Verkehrsmitteln. Wir gewinnen damit Zeit – freie Zeit. Niemand möchte das Rad zurückdrehen und auf all diese Errungenschaften verzichten. Wir haben allen Grund, stolz darauf zu sein.

Aber es gibt nun keinen Menschen mehr auf der Welt, der auch nur annähernd das derzeitige Gesamtwissen der Menschheit beherrscht, wie das früher einmal möglich war. Allgemeinbildung ist nur noch ein relativer Begriff. Selbst der am meisten Gebildete kann nur Ausschnitte übersehen. Jeder muß sich spezialisieren, sieht mehr oder weniger nur noch sein Fach – vielleicht auch darin nur wieder ein bestimmtes Gebiet. Und je mehr einer darin leistet, um so mehr wird er oft blind für andere Dinge. Wir sprechen ja von Betriebsblindheit. Erst recht kann man Gott übersehen.

Irgendwie spürt jeder, daß dieses Wissen nicht alles ist. Östliche Weisheit sagt uns Westlern: „Ihr seid Riesen des Kopfes, aber Zwerge des Herzens." Das wird von jungen Menschen aufgegriffen. Sie fragen leidenschaftlich nach dem Sinn des Lebens. Sie sprechen von einer abendländischen Krankheit und wollen damit sagen: Das Abendland hat mit seiner bewundernswerten Wissenschaft und Technik, mit seinen Ideologien und Gesellschaftslehren – einschließlich des Marxismus – eine geistige Leere produziert, die ganze Bereiche der Wirklichkeit unterschlägt: nämlich Geist, Seele und Herz. Haben sie so unrecht? Wundern wir uns, daß manche eine nur an der Konsumsteigerung interessierte Welt verlassen und bis nach Indien gehen, um dort einen Lehrer der Weisheit zu suchen? Die östlichen Menschen bewundern unseren Fortschritt und übernehmen ihn, aber sie möchten um alles in der Welt nicht mit uns tauschen. Sie haben den Eindruck, daß das Wissen allein noch nicht den Menschen glücklich macht. Sie sparen sich darum Zeit aus für die Besinnung, für die Meditation, weil sonst der Mensch zu kurz kommt und verkümmert.

Und das nicht nur deshalb, weil ihm oft gar nicht mehr die Zeit bleibt, einmal über sich selbst nachzudenken. Er muß sich ständig mit Details befassen, es fehlt ihm daher die Zusammenschau, aus der heraus das Ganze erst beurteilt werden kann und das eigene Leben erst seinen Sinn erhält. Wir begnügen uns mit Sinn-Inseln, statt nach dem Sinn des Ganzen zu fragen, und sind daher unsicher in den letzten Lebensfragen. Man sagt, daß der Konsum von Rauschgift bei manchem das Ziel habe, neue Erkenntnishorizonte zu gewinnen. Man spricht von Bewußtseinserweiterung.

Daß uns etwas fehlt, wissen wir alle. Selbst die Erweiterung des Wissens kann uns darüber nicht hinwegtäuschen. Ich meine, uns im Wissen Fortgeschrittenen fehlt eigentlich nur eins: der Glaube. Jene Kraft, die nicht zufrieden ist mit dem Wissen, wie das Leben funktioniert, sondern darüber hinaus fragt nach dem Warum und Wozu dieses Lebens. Keine Spur, daß Glaube und Wissen einander widerstreiten, sie liegen auf ganz verschiedenen Ebenen. Glaube ist schon rein menschlich ein Gewinn.

Hat der Glaube versagt?

Ein schwerwiegender Vorwurf gegen das Christentum heißt: es hat versagt. Die Christen haben zweitausend Jahre Zeit gehabt. Sind die Menschen und die Verhältnisse in der Welt in dieser Zeit besser geworden? Gibt es nicht bis auf den heutigen Tag Kriege, Mord und Totschlag wie eh und je? In einer Zeit, die alles nach dem Lebenswert beurteilt, nach Zweck und Nützlichkeit, die bei allem fragt, was es für den Menschen „bringt", wiegt dieser Vorwurf doppelt.

Ich habe nicht die Absicht aufzuzählen, was das Christentum der Menschheit an Gutem gebracht hat. Denn es ist etwas dran an diesem Vorwurf. Und das müssen wir Christen sehr ernst nehmen. Soll ich versichern, daß es in den nächsten Jahrhunderten besser wird? Das kann ich nicht versprechen. Davon bin ich nicht einmal überzeugt. So ernst ich nämlich den Vorwurf selbst nehme, so wenig kann ich den naiven Fortschrittsglauben teilen, der hinter der Erwartung steht, daß alles immer besser werden könne und müsse.

Gewiß gibt es das Gesetz des Fortschritts. Aber gilt es in allen Lebensbereichen in gleicher Weise? Im materiellen Bereich ist es zweifellos gültig. Was an materiellen Gütern erstellt wurde, bleibt den Nachkommen in der Regel erhalten; sie können darauf weiterbauen, und es wird von Generation zu Generation besser.

Anders ist es schon im geistigen Bereich. Da hat sich jemand durch Studium ein großes Fachwissen erworben, hat Erfindungen gemacht. Kann er sein Wissen vererben und weitergeben? Nur in sehr begrenztem Maße. Oft erreichen die Kinder eines Gelehrten nicht das Wissen ihres Vaters. Gewiß, man kann wissenschaftliche Erkenntnisse in Büchern niederlegen. Die Nachwelt kann darauf aufbauen. Die Nachwelt? Es werden nur einige wenige sein, die die geistigen Voraussetzungen mitbringen, diese Bücher auch nur zu verstehen. Denn jeder muß für sich wieder bei dem Punkt Null der völligen Unwissenheit anfangen, bis er nach langem Studium zunächst einmal so weit ist wie der Vorgänger. Und nur ganz wenige können diese Erkenntnisse weiterführen und ausbauen. Es gibt im 20. Jahrhundert zweifellos zahllose Menschen, die nicht das geistige Niveau großer Denker vor zweitausend Jahren haben.

Diese Einschränkung gilt noch mehr im geistlich-ethischen Bereich. Hier wird jeder Mensch neu mit seinen Schwächen und Fähigkeiten in die Welt hineingestellt. Eltern, Lehrer und Vorbilder können anleiten und hohe Ideale vor Augen stellen. Aber jeder einzelne muß immer wieder alle Kräfte einsetzen gegen die eigene Neigung zur Durchschnittlichkeit. Mancher hat mit Fünfzig nicht mehr das ethische Niveau, das er mit Dreißig hatte; und manche Kinder erreichen nie die religiös-sittliche Haltung ihrer Eltern. Woher kämen sonst die Gestrauchelten aus sogenannten „guten Familien"?

Im geistlich-ethischen Bereich gibt es also noch weniger einen ständigen Fortschritt und Aufstieg als im geistigen. Hier steht jeder an einem völlig neuen Anfang. Man kann nicht einfach sagen, „das Christentum hat versagt", wenn heute nicht alles besser ist als vor zweitausend Jahren. Aber wir müssen zugestehen, daß die Christen in vielem versagt haben. Wie ist das möglich? Weil auch nach zweitausend Jahren kein Mensch ohne die Möglichkeit und Neigung zum Versagen geboren wird.

Und weil Gott nicht automatisch in diese Welt hineinwirkt, sondern wie ein Sämann. Vergleiche das Gleichnis Mt 3, 3 ff. Er riskiert es, daß viel gute Saat verlorengeht, weil er die Freiheit des Menschen wahren will. In der Menschwerdung Jesu Christi hat sich Gott konsequent den Menschen ausgeliefert. Er will nichts „fertigbringen" gegen uns. Deshalb kam auch Christus selbst bei vielen nicht an.

Damit wird aber deutlich, wo zu beginnen wäre: Es geht darum, daß jeder Christ bei sich selbst anfängt, das Pünktchen Welt, das er selbst darstellt, zu verbessern.

Zeuge sein

Kein Tag vergeht ohne Verkehrsunfälle. Jedesmal erhebt sich die Frage: Wer war Zeuge, wer hat etwas gesehen? Die Polizei beklagt sich, daß so schwer Zeugen zu finden sind, weil damit Unannehmlichkeiten verbunden sein könnten. Darum weichen viele aus. „Nichts gesehen, nichts gehört!"

In allen Berichten in der Hl. Schrift über die Auferstehung Jesu kehrt der Ausdruck wieder: „Dessen sind wir Zeugen." Man hat den Eindruck, die Berichterstatter drängten sich geradezu zum Zeugnis. Sie betonen ausdrücklich vor dem Hohen Rat, der ihnen ihre Aussage verbieten will: „Wir können nicht schweigen von dem, was wir gesehen und gehört haben" (Apg 4, 20). Ihr ganzes Leben wird künftig zum Zeugnis. Schließlich sogar zum Blutzeugnis. Das Wort Märtyrer heißt Zeuge. Das Zeugnis für den Glauben kann den Menschen total einfordern.

Man macht den Christen, vor allem auch uns Katholiken, den Vorwurf, daß wir nicht über unseren Glauben sprechen. Ich bekomme oft Briefe, die anklagen: „Die sich Christen nennen, kennen ihren Glauben nicht, sie reden nicht darüber." Ganz im Gegensatz zu den Mitgliedern der Sekten.

Es gibt eine Verschämtheit des Glaubens. Glaube ergreift den Menschen so persönlich und so tief, daß er sich scheut, durch Worte darüber Einblick in sein Inneres zu geben. Diese Scheu ist zweifellos etwas Wertvolles und zu respektieren. Andererseits haben wir den Glauben zu sehr in den Intimbereich verwiesen nach dem Motto „Glaube ist Privatsache". Natürlich ist er das auch; denn jeder muß seine Glaubensentscheidung ganz allein fällen. Aber Glaube ergreift das ganze Leben und prägt es. Er muß darum, ob er will oder nicht, bemerkbar werden, sonst muß man an ihm zweifeln. Und Glaube ist Leben! Alles Lebendige aber will Leben weitergeben, sich vermehren. Hier bekommt das Wort vom „Zeugnis" eine tiefere Bedeutung: Zeugung im Sinne von Weitergabe des Lebens. Leben kommt immer nur aus einem Lebendigen. Ebenso entzündet sich auch der lebendige Glaube am leichtesten am Glauben anderer; eine Erfahrung, die sich Tag für Tag bestätigt. Der Glaube kommt vom Hören, wie aber sollen sie hören, wenn niemand verkündigt? (Vgl. Röm 10,14.17).

Vielleicht steht hinter dem Vorwurf derer, die sagen „Katholiken reden nicht über ihren Glauben", die große Sehnsucht, selbst auch glauben zu können. Aber es fehlt der lebendige Funke, der überspringt, der „über-zeugt". Wir verstecken unseren Glauben wie etwas, das man nicht sehen lassen darf. Weil wir uns damit beruhigen, daß Verkündigung etwas für die „Hauptamtlichen" sei. Man gibt genau auf uns acht, wie es in der Apostelgeschichte heißt. Nicht nur auf unser Reden. Jede Handlung kann Zeugnis für den Glauben sein oder aber den Blick auf Gott verstellen. Christus lebt; ob er auferstanden ist, wollen sie an uns sehen; ob wir nämlich aus dieser Überzeugung heraus Kraft schöpfen, die unser Leben trägt. Wer nicht Zeuge ist, wird bereits als Gegenzeuge aufgeführt, als Entschuldigung für den eigenen Unglauben.

Wegwerf-Gesellschaft

Immer wieder hört man originelle – manchmal auch makabre – Formulierungen, mit denen unsere heutige Gesellschaft charakterisiert werden soll. Man spricht z. B. von der „Wegwerf-Gesellschaft". Damit soll zum Ausdruck gebracht werden, daß wir viel weniger als vergangene Zeiten sammeln und aufheben. Früher wurden Kordelreste säuberlich aufgehoben, jeder Karton und jede Tüte mehrmals verwendet. Schließlich war alles noch einmal zu gebrauchen. Heute gibt es Papierwäsche und sogar Papierkleider, Einweg-Flaschen und Wegwerf-Windeln, Wegwerf-Teller und Wegwerf-Bestecke. Aber man spricht auch schon von Wegwerf-Hunden und Wegwerf-Kindern.

Vieles wird zum Wegwerfen produziert. Um Raum in der Wohnung zu sparen – um nicht waschen zu müssen – aber auch um zu immer neuem Kauf zu nötigen. Vieles könnte stabil und fast unverwüstlich hergestellt werden. Aber wo bliebe dann der Konsum? Damit auch das, was noch nicht abgenutzt ist, dennoch weggeworfen wird, muß die Mode gesteuert werden. Und wenn es nur eine neue Farbe ist, die rasch zur Modefarbe erklärt wird. Was altmodisch ist, muß fort. Das hat auch sein Gutes. Daran zeigt sich, daß alles seine Zeit hat; daß es Endgültiges in dieser Welt nicht gibt, daß man sich an nichts halten kann und soll. Das Festhalten-Wollen kann auch versklaven.

Uns ist es aber allen schon so gegangen, daß wir etwas weggeworfen haben, was jahrelang ungenützt herumlag. Und genau einige Tage später hätten wir es brauchen können. Manches alte Möbel wurde zerhackt, Geschirr weggeworfen, das heute unter dem Namen „Antik" zu hohen Preisen gehandelt wird. Die Gesellschaft, die man als Wegwerf-Gesellschaft bezeichnet, kramt zugleich die ältesten Dinge wieder aus und findet Gefallen daran.

Im geistigen Bereich scheint es nicht anders zu sein. Einerseits gehört alles, was von gestern ist, zum alten Eisen. Aber gerade die Jugend holt das älteste wieder hervor und findet es schick. Begriffe wie Treue und Gefühl werden zugleich verlacht und wiederentdeckt. Es gibt eine romantische Welle, und die Schnulze feiert fröhliche Urständ. Das kalte Zweck- und Leistungsdenken läßt uns frieren, und wir kommen wieder auf so zeitverschwendende Dinge wie Meditation und zweckfreie Muße.

Und im Religiösen? Man ist rational und kritisch und merkt zugleich, daß der Mensch dabei zu kurz kommt; daß mit diesen Kräften allein das Leben nicht ausgelotet werden kann. Man gibt sich ungläubig und fällt zugleich auf jeden Aberglauben herein. Offenbar haben viele Menschen etwas weggeworfen, ohne es vorher auf seinen Lebens- und Gebrauchswert geprüft zu haben. Und mancher friert nun in der trostlosen Atmosphäre einer nur sachlichen reinen Innerweltlichkeit. Es gibt jedenfalls viele Menschen, die von sich bekennen, daß ihnen etwas fehle. Etwas, das sie früher hatten. Die Bibel sagt: Prüft alles, das Gute aber behaltet (1 Thess 2,5). Wenn ich nur immer wüßte, was gut für mich und für andere ist!

Erkenntnis macht aufgeblasen, die Liebe baut auf
1 Korinther 8, 1

Zwei Menschen sehen sich in die Augen, und im Blick des anderen Auges leuchtet und strahlt das eigene. Und dieses Strahlen geht auf das ganze Gesicht über. Über das Auge findet ein Mensch Eingang in das Innere des anderen. Zwei Menschen sind glücklich, weil sie einander ansehen und so An-Sehen verschaffen, sich bestätigen, aner-kennen. Sie sind sich einander völlig sicher, vielleicht sogar etwas blind für die Fehler des anderen. Erkennen – Einsicht und Sprache des Herzens.

Was weiß ich von einer Träne, wenn ich sie chemisch untersuche? Ich gewinne Kenntnis und kann sie mir im Examen bestätigen lassen, aber die Wirklichkeit erkenne ich so nicht. Und was weiß ich von einem Menschen, wenn ich meine Kenntnis über ihn zu erweitern suche? Kenntnis – das meint verstandesmäßige Klarheit, Wissen. Damit verbindet sich dann oft das Gefühl der Überlegenheit, kaltes Kalkül, Unnahbarkeit.

Dagegen haben wir beim Verb „kennen", erkennen, anerkennen mehr den Eindruck, daß hier Kräfte des Herzens wirken. Menschliches Kennen und Erkennen kommt aus der Personmitte, von daher, wo alle Kräfte des Menschen zusammenströmen: Verstand, Wille, Gemüt, Gefühl ... also aus dem Herzen. Erkennen hat mit Liebe zu tun.

Aufeinander zugehen

Wie sieht so ein Tag oft aus? Die meisten Menschen sind morgens wortkarg. Sie sagen von sich selbst: Ich bin noch nicht ganz da. Mehr oder weniger schweigend wird das Frühstück eingenommen. „Bitte laß mich in Ruhe. Du weißt, daß ich morgens noch nicht ansprechbar bin, schon gar nicht für Probleme." So wird es fast als Wohltat empfunden, wenn auch unterwegs zur Arbeit mich niemand anspricht. Und offenbar haben die meisten ähnliche Bedürfnisse. Selbst der Nachbar im gleichen Stockwerk bekommt nur einen kurzen Gruß. Im Auto ist man dann ohnedies allein und zum Glück unansprechbar; in Bus und Bahn taut schon eher mal einer auf, aber das bleibt die Ausnahme. Immerhin lockert sich da vielleicht der verschlossene Blick ein bißchen. Während der Arbeit kann ohnedies in vielen Berufen nur das Nötigste gesprochen werden. Und am Abend wirkt das Fernsehen als Sprachbarriere, die unter Umständen sehr willkommen ist.

Manchem genügt das. Er zählt sich zu den eher schweigsamen Menschen. Aber vielleicht hat ihn nur die Gewöhnung kontaktscheu werden lassen. In Wirklichkeit möchte er sehr wohl aus seiner Isolierung heraus. Viele jedenfalls fühlen sich trotz – oder vielleicht sogar wegen – der vielen, der allzu vielen Kontakte, die unsere sogenannte Massengesellschaft mit sich bringt, einsam. In einem Hochhaus, wo die Menschen Tür an Tür wohnen, sind die einzelnen oft einsamer als in einem Dorf, wo der Nachbar fünfzig Meter entfernt ist. Aufgezwungene, nicht gewollte ständige Kontakte führen zur gewollten Isolierung. Dies aber führt zur Vereinsamung, und die ist nicht mehr gewollt.

Der Mensch – so könnte man sagen – ist ein sprechendes Wesen. Er lebt von Begegnungen, von Kontakten. „Es ist nicht gut, daß der Mensch allein sei ...", heißt es auf den ersten Seiten der Heiligen Schrift. Erst im Gespräch werde ich zu einem Du, vielleicht werde ich auch erst im Gespräch zu einem „Ich", zu einem Wesen, das sich selbst bejahen und annehmen kann, weil es von anderen angesprochen und angenommen wird. Dann könnte also ein Wort, eine Begegnung einsame, stumme, kranke Menschen heilen. Dann kann aber Wortlosigkeit krank machen, andere und mich selbst.

Christlicher Glaube ist in *einem* Satz zusammenzufassen: Gott, der Herr, spricht den Menschen an, und der Mensch antwortet auf diesen Anruf Gottes mit seinem ganzen Leben. Das ist im Grunde alles. Mit gutem Grund nennt die Bibel Jesus Christus das „Wort Gottes". Christlicher Glaube ist nicht mit Sätzen und Forderungen zu umschreiben, sondern er ist Beziehung, ist Kontakt mit Gott, mit dem anderen. Christlicher Glaube ist mit dem Satz „Ich glaube an Gott" so wenig ausgesprochen wie mit anderen Glaubensaussagen. Erst in dem Satz „Ich glaube an dich, Gott" ist das Wesentliche erfaßt, und das ist Dialog, Gespräch, Gebet, Kontakt, Gemeinschaft.

Ich gehöre auch zu den Menschen, die nicht leicht jemand ansprechen können. Aber vielleicht gelingt es mir heute, die Einsamkeit eines Menschen zu durchbrechen. Lieber will ich es riskieren, auch einmal lästig zu fallen mit einem Gesprächsbeginn, als jemand, der vielleicht darauf wartet, wortlos stehen zu lassen oder nur mit einem kurzen Gruß zu beachten. Ich erinnere mich gut: Wenn ich meine eigene Scheu überwunden habe, bei jemand stehenblieb, ihn ansprach, hatte ich nachher immer das Gefühl, daß das richtig und gut war. Für mich ganz sicher: aber höchstwahrscheinlich auch für den anderen.

Sich in den anderen hineindenken

Viele Menschen schreiben an den Rundfunk oder an das Fernsehen. Ein solcher Brief wurde mir weitergegeben. Da riet jemand: „Könnten Sie bitte einmal etwas über das Alleinlassen im richtigen Augenblick sagen. Manche Menschen wollen einen ständig unterhalten. Sie meinen es zweifellos gut, aber wenn es einem nun gerade nicht nach Rede und Unterhaltung zumute ist?"

Soweit der Brief. Ich mußte beim Lesen sofort an die viel größere Zahl anderer Menschen denken, die ganz gegenteilige Erfahrungen machen und etwa klagen: Ich wäre heilfroh, wenn einmal jemand nach mir sähe. Ich bin den ganzen Tag allein, zu mir kommt keiner!

Wie soll man es nun recht machen? Da möchte man jemand nicht allein lassen, opfert eine Stunde – und kommt ungelegen; oder man möchte nicht aufdringlich sein und bleibt weg – und es ist wieder verkehrt. Darum geben viele auf und sagen sich: „Man wird ja doch nur mißverstanden, am besten nichts tun, um nichts falsch zu machen." Aber das wäre der Tod der Liebe. Das Geheimnis wird immer sein, sich in den anderen hineinzudenken, von ihm auszugehen.

Auch die beiden Menschen, die sich beschweren – der Besuchte und der Alleingelassene –, müßten lernen, vom anderen her zu denken. Jeder hat das Bedürfnis, gelegentlich allein zu bleiben. Und das darf man auch zum Ausdruck bringen. Aber gleichzeitig ist zu bedenken, daß vielleicht der andere in diesem Augenblick einen menschlichen Kontakt braucht, einen Partner, der einmal zuhört. Einfach, weil er Angst davor hat, immer mehr zu vereinsamen und zu verbittern.

Andererseits sollte der Alleingelassene nicht warten, bis jemand zu ihm kommt, ihm Aufmerksamkeit schenkt; indem er selbst Wege zum anderen sucht, Aufmerksamkeit schenkt, Hilfe weitergibt, wird ihm all das zurückgegeben. Vielleicht warten andere nur auf ihn, während er selbst auf andere wartet. – Und wenn das nicht mehr geht? Ich kannte eine alte Dame, die ihre Wohnung nicht mehr verlassen konnte. Ständig Schmerzen hatte. Also eigentlich recht einsam hätte sein müssen. Jedesmal, wenn ich ihr die Krankenkommunion brachte, hatte sie das Zimmer voller Blumen. Auf meine Frage, wie sie denn an die Blumen käme, antwortete sie, daß alle – nichtkatholischen – Bewohner im Haus ihr Blumen brächten, wenn sie hörten, daß der Priester mit der Krankenkommunion käme. Und alle seien so gut zu ihr. Der Grund war mir sofort klar: sie selbst strahlte Güte und Wohlwollen aus; und sie wußte zu empfangen und zu danken. Dadurch wurde sie selbst zur Schenkenden, und deshalb wurde sie selbst von den jungen Menschen im Hause besucht. Es gibt ganz Alleinstehende, die nie wirklich einsam sind.

Die meisten Menschen wollen dem anderen gut sein. Die Schwierigkeit beginnt erst damit, daß sie es nicht zeigen können. Es müßten nur Einsamkeit und menschliche Nähe, Not und Hilfe einander zugeordnet werden. Sie liegen vielleicht ganz nah beisammen und finden doch nicht zueinander. Da wohnt im Parterre die junge Familie, die keinen Abend ausgehen kann, weil sie das kleine Kind nicht alleinlassen darf und niemand kennt, den sie um Beaufsichtigung bitten könnte; oder sie traut sich nicht, jemand zu fragen. Und da ist zwei Etagen darüber die alleinstehende Frau, der man keinen größeren Gefallen tun könnte, als ihr noch eine kleine Aufgabe zu geben und damit gleichzeitig Kontakt anzubieten. Sie traut sich aber nicht, sich anzubieten. Beiden wäre geholfen, wenn sie nur zueinander fänden. Wenn wir doch nur fertigbrächten, an der rechten Stelle zu schweigen und an der rechten Stelle ein Wort zu sagen. Man sollte meinen, es gäbe nichts Leichteres; aber ich glaube, es gibt kaum etwas, das schwerer ist. In „Der kleine Prinz" von Antoine de Saint-Exupéry heißt es: „Wir gehen oft nebeneinander her, jeder in seinem Schweigen befangen, oder man wechselt Worte, denen man nichts mitgibt."

Tropfen auf den heißen Stein?

Kürzlich las ich ein Wort von Mutter Teresa, die die Inder „Engel von Kalkutta" nennen, weil sie die Ärmsten und Sterbenden auf der Straße aufliest und pflegt. In 25 Jahren über 36 000 Menschen. Sie schreibt: „Wir spüren durchaus, daß unser Tun nicht mehr als ein Tropfen im Ozean ist. Doch würde dieser Tropfen im Ozean fehlen, wäre er um diesen Wassertropfen kleiner. Ich bin nicht für einen Weg der großen Mittel, was unser Tun betrifft. Uns kommt es vielmehr auf den einzelnen an. Um jemandem Liebe zu geben, müssen wir in engen Kontakt zu ihm treten. Wenn wir darauf aus sein wollten, große Zahlen zu erreichen, würden wir uns in Zahlen verlieren und die Liebe und Achtung gegenüber dem einzelnen Menschen niemals mehr zeigen können. Ich glaube an das, was von Mensch zu Mensch geschieht."

Täglich kommen in Zeitung und Fernsehen Meldungen über Ungerechtigkeit und Unterdrückung irgendwo in der Welt. Da fliehen Menschen aus Ländern, in denen es keine Freiheit gibt, und warten monatelang auf offener See, bis sie eine neue Heimat finden; da hungern und verhungern andere, weil eine Dürreperiode das an sich schon karge Land noch unfruchtbarer gemacht hat. Angesichts der weltweiten Not bin ich oft in Gefahr, zu resignieren: Was kann ich als einzelner da schon tun? Aussichtslos! Der Schritt zur Untätigkeit ist von da aus nicht mehr weit.

Dann kommt mir der Gedanke an den Tropfen im Ozean. Immerhin hat Mutter Teresa inzwischen 16 000 Menschen würdig sterben lassen. Täglich bekommen 7000 eine Mahlzeit. Aber ist das nicht auch nur ein Tropfen? Und wie gering ist dagegen das, was ich tun könnte. Vor der Resignation bewahrt mich ihr Wort: „Ich bin nicht für einen Weg der großen Mittel, uns kommt es vielmehr auf den einzelnen an." Was ein einzelner von Mensch zu Mensch tun kann, ist immer nicht mehr als ein Tropfen. Ich mußte an ein bekannteres Wort denken: „Es ist besser, eine einzige Kerze anzuzünden, als über die Dunkelheit zu schimpfen." So jedenfalls hat Christus gehandelt. Er hat zeichenhaft Leiden gelindert und so für jeden einzelnen Hoffnung gestiftet.

In London traf Mutter Teresa mit ihren Schwestern einen Jugendlichen auf der Straße. Sie sagte zu ihm: „Du solltest nicht hier sein, du solltest bei deinen Eltern sein." Er antwortete: „Aber meine Mutter mag mich nicht, da ich lange Haare habe. Jedesmal, wenn ich nach Hause kam, hat sie mich hinausgeworfen." Teresa ging weiter, und als sie zurückkam, fand sie ihn. Er hatte eine Überdosis Drogen genommen. Sie brachte ihn ins Krankenhaus. In diesem Augenblick mußte sie darüber nachdenken, daß vielleicht diese Mutter sehr eifrig dieses und jenes für die Hungernden in Indien sammelte und tat, aber keine Zeit hatte für ihr Kind.– Und umgekehrt gibt es junge Menschen, die sich sehr engagieren, wenn es um das Anprangern von Unterdrückung, um das Benennen sozialer Ungerechtigkeit in anderen Erdteilen geht. Die aber nicht den Versuch machen, die eigenen Eltern zu verstehen und ihnen ein gutes Wort zu geben. Da passen die oben zitierten Sätze: „Ich glaube an das, was von Mensch zu Mensch geschieht ... Mir kommt es auf den einzelnen an." Und für den einzelnen kann ein einziges Wort *mehr* sein als ein Tropfen im Ozean.

Ich möchte anders sein

Gerade den Menschen, die uns am nächsten stehen, legen wir meist die größten Belastungen auf. Von ihnen erwarten wir, daß sie für alle Schwankungen unseres Gemüts und für alle Aggressionen Verständnis haben. Genau das schilderte mir kürzlich eine Frau in einem Brief: „Ich bin oft zu Menschen, die es am besten mit mir meinen, und die ich am meisten schätze, am unleidlichsten. Ich weiß selbst, wie unfair ich dann sein kann. Aber gesagt ist gesagt, auch wenn es mir nachher leid tut. Ich kann die Ursache, warum ich diese Menschen einerseits bejahe, andererseits ablehne, nicht finden. Ist es Verzweiflung, oder ist es nur, um meine innere Einstellung zu verbergen?"

Die Gründe für derartiges Verhalten, das vor unserer Vernunft nicht bestehen kann, mögen psychologisch sehr verschieden sein. Einmal ist es vielleicht das unbewußte Verlangen, gerade von jenen Menschen noch mehr an Sympathie und Anerkennung zu erfahren. Oder wir bekämpfen im anderen, was uns an uns selbst ärgert; wir möchten bei anderen herabsetzen, was wir bei uns selbst nicht verwirklichen können. Oder aber wir sind nur mißgelaunt und lassen uns gehen.

Der Apostel Paulus hat das genauso erfahren, aber er sieht dahinter tiefere Zusammenhänge. Er schreibt im Brief an die Gemeinde in Rom: „Ich bin verkauft an die Sünde. Das Wollen liegt mir nahe, aber das Vollbringen des Guten nicht. Ich tue nicht das Gute, das ich will, sondern das Böse, das ich nicht will, das tue ich. Ich unglückseliger Mensch, wer wird mich befreien aus diesem dem Tod verfallenen Leib?"(Röm 7, 24). Soweit Paulus. Er macht das „Gesetz der Sünde" für diese Spaltung zwischen Wollen und Vollbringen verantwortlich. Ein Gesetz, in das wir alle hineingeboren werden. Nur in Christus sieht er die Möglichkeit, aus diesem Dilemma herauszukommen.

Ich weiß tatsächlich von vielen, daß sie im Blick auf diesen Menschen Jesus die Kraft finden, allmählich anders zu reagieren. – Die Erfahrung, die Paulus ausspricht, hat allgemeine Gültigkeit. Daß wir uns wieder einmal darauf aufmerksam machen, kann vielleicht schon eine Hilfe sein, daß wir nicht so schnell diesem Gesetz des Bösen erliegen.

Mir geht es aber noch um etwas anderes: Ich sollte auch bei anderen damit rechnen, daß sie nicht nur das sagen, was sie eigentlich möchten; daß sie gelegentlich nicht das tun, was eigentlich ihrem Wesen entspricht. Die Sperren, die ich bei mir selbst kenne, hat jeder andere auch. Oft kommt genau das Gegenteil von dem heraus, was einer eigentlich meint. Sagen wir nicht, daß eine harte Schale meist einen guten Kern verbirgt? Ebenso kann Aggression geradezu ein Zeichen der Sympathie sein; und lautstarke Heftigkeit ist oft nichts anderes als die Tarnung hilfloser Schwäche. Selbst Haß und Liebe liegen oft ganz nah beieinander und sind kaum unterscheidbar. Angriffe gegen den Glauben sind oft nichts anderes als der Wunsch, glauben zu können. Ich kann nicht mehr so leicht verletzt reagieren, wenn ich das bedenke. Wie viele Mißverständnisse und Spannungen würden abgebaut, wenn ich die Gabe hätte, hinter der angriffigen Art des anderen – je nachdem – dessen Sympathie oder dessen Unzufriedenheit mit sich selbst zu erkennen; sein tiefes Verlangen, anders sein zu können.

Schätzwert und Wertschätzung

Alles, was selten ist, steigt im Wert. Eine einzige Briefmarke (also ein Stückchen Papier) wird für -zigtausend gehandelt, wenn es nur drei bis vier Exemplare davon gibt. Wenn Lebensmittel knapper werden, ziehen die Preise an.

Bei Sachgütern mag das angehen. Aber selbst der Mensch sinkt im Kurs, wenn er in der Menge auftritt. Seine Arbeitskraft wird geringer bezahlt, wenn es genug Arbeitskräfte gibt. In einer dörflichen Gemeinde, wo die Menschen nicht so eng und zahlreich beisammen wohnen, gilt der einzelne mehr als in der modernen Großstadt. Da kennt und grüßt man sich nicht. Da gilt oft: „Ich will mit niemandem etwas zu tun haben."

Das ist nicht nur mit anderen Lebensgewohnheiten zu erklären, das liegt tiefer. Derselbe Mensch, der vielleicht bei einem einsamen Waldspaziergang freundlich wildfremde Menschen grüßt, empfindet in der überfüllten Straßenbahn den Mitmenschen als Last und am Zebrastreifen als Verkehrshindernis; derselbe Autofahrer, der vielleicht im Ausland hupend jeden Deutschen oder zumindest jeden mit dem gleichen Ortskennzeichen grüßt, sieht im innerdeutschen Autoverkehr leicht im anderen Verkehrsteilnehmer den Idioten, dem er am liebsten den Vogel zeigen möchte.

Es sind nicht nur Nervosität und Zeitdruck, die den Menschen einmal so und einmal ganz anders reagieren lassen. Der Schätzwert – oder sagen wir besser: die Wertschätzung – des Menschen sinkt, wenn er uns in Massen begegnet. Unter Tausenden wird der einzelne zum Nichts oder schlimmer: zu etwas, das im Weg ist. Die Psychologen sprechen davon, daß die moderne Massengesellschaft den Menschen zu viele Kontakte aufzwinge: in der Wohngemeinschaft, am Arbeitsplatz, ja bis in den Urlaub hinein, so daß er kontaktarm, kontaktscheu werde.

Geht uns das nicht bis in die Familien hinein ähnlich? Menschen,

mit denen wir ständig zusammenleben – mögen wir sie noch so schätzen –, werden uns gelegentlich lästig; die eigenen Kinder können einem „zuviel" werden, wie man so sagt. Gegen Fremde sind wir manchmal wesentlich freundlicher als gegenüber unserer engsten Umgebung. Mit Recht sagt man: „Distanz erhält die Freundschaft."
Christus gibt uns völlig andere Maßstäbe für das mitmenschliche Verhalten. Da wird nicht gefragt, ob der Mensch in Masse auftritt, was mir der andere nützen kann, oder ob er mir im Weg ist. Dabei ist es sogar unerheblich, wie der andere mir begegnet: als Freund oder als Feind – er ist Mensch und damit mein Bruder, und darum gilt: Liebe ihn wie dich selbst. Wie dich selbst! Damit sind alle anderen Maßstäbe zerbrochen. Da wird bedeutungslos, wie oft es diesen Menschen neben mir noch gibt. Er selbst ist einmalig.
Wie dich selbst! Das klingt fast wie eine unerfüllbare Übertreibung. Gehe ich mir nicht manchmal selbst auf die Nerven? Bin ich mir nicht bisweilen selbst nicht gut? Bin ich mir manchmal nicht selbst „zuviel"?
Liegt hier vielleicht der Grund dafür, daß mir andere „zuviel" werden können?
Christus kennt offenbar den Menschen sehr gut, wenn er die Nächstenliebe an der Selbstliebe orientiert. Er versteht wohl auch, warum uns das so oft nicht gelingen kann. Aber ist es eine Entschuldigung dafür, daß ich mich anderen gegenüber gehenlasse? „Wie dich selbst" – mir scheint, damit soll vor allem gesagt werden, wo zu beginnen wäre!

Geben und Vergeben

Ein Hindu wurde gefragt: „Was ist Christentum?" Er antwortete: „Es ist Geben." Dieses Zitat überliefert Mutter Teresa. Jene Ordensfrau, die in Indien die Hungernden und Sterbenden auf den Straßen aufliest und pflegt. Bei ihrer Ansprache anläßlich der Verleihung der Ehrendoktorwürde in Cambridge führte sie den Gedanken ‚Christentum ist Geben' etwa so weiter: „Das Leben beginnt bei Gott selbst. Er liebt die Welt, er gab seinen Sohn. Er wurde Mensch. Und dieser Sohn wiederum gab sich hin am Kreuz, machte sich zum Brot, um sich ständig auch weiterhin geben zu können. Und nun sind wir daran, zu geben, wenn wir seinen Namen zu Recht tragen wollen."

Mir fiel, als ich diese Rede las, ein anderes Wort ein, das ich einmal gehört hatte: „Gebet ist erst dann ganz richtig, wenn es auf der ersten Silbe betont wird. Auf der ersten Silbe betont, heißt Gebet: Gebet! Mir war das vorher nie aufgefallen. Unsere Sprache deckt erstaunliche Zusammenhänge auf. Gebet, dann ist das schon ein Gebet. Umgekehrt aber ist jedes Gebet ein Geben, ein Hingeben.

Man kann diesen Gedanken noch weiterführen. Eine Frau, die viel in ihrem Leben von anderen hat ertragen müssen, sagte kürzlich zu einem Bekannten: „Das Geben, das am schwersten ist, ist das Vergeben." Hier muß ich wieder aus der Rede von Mutter Teresa zitieren: „Ich las eine Frau aus einer Mülltonne heraus auf, sie glühte vor Fieber; sie hatte nur noch ein paar Tage zu leben und sagte immer wieder: ‚Mein Sohn hat mir das angetan!' Ich holte sie heraus, nahm sie mit heim und brachte sie in den Konvent. Unterwegs versuchte ich, sie dahin zu bringen, daß sie ihrem Sohn verzeiht. Es dauerte lange, bis sie sagte: ‚Ich verzeihe meinem Sohn.' Kurz bevor sie starb, konnte sie es ehrlich sagen. Sie war nicht darüber bekümmert, daß sie im Sterben lag, nicht darüber, daß sie vor Fieber glühte, daß sie so viel leiden mußte. Es brach ihr das Herz, daß ihr Sohn sie nicht wollte. Dies ist es, was Sie und ich verstehen müssen."

Das Geben, das am schwersten fällt, ist das Vergeben. Und doch sind wir alle auf dieses Geben am meisten angewiesen. Sich selbst kann man wohl etwas geben, aber nie vergeben. Und andere warten auf kein Geben mehr als auf das Vergeben.

Mutter Teresa wurde bei dem Besuch einer Gruppe von Professoren aus den USA gebeten: „Sagen Sie uns etwas, das uns helfen wird." Sie sagte: „Lächelt einander zu." Später fügte sie hinzu: „Ich denke, hier beginnt die Liebe; sie beginnt zu Hause."

Ist es so falsch, wenn ich sage, daß das Christentum mit dem Lächeln beginnt? Weil das Zulächeln eine Form des Gebens ist. Sogar die schwerste Form des Gebens, das Vergeben, ist erst dann verwirklicht, wenn ich spontan wieder zulächeln kann. Nichts befreit so sehr; mich selbst und den anderen.

Verzeihen ja – Vergessen nein?

Jemand sagt: „Verzeihen will ich dir noch einmal, aber vergessen kann ich das nie."

Da hat jemand einen beleidigt, vielleicht die eigene Gattin oder den Gatten. Er wünscht ehrlich, es wäre nie geschehen, und bittet: „Kannst du mir noch einmal verzeihen?" Und die Antwort: Verzeihen – gut, aber vergessen – nein.

Eine halbe Sache, die nicht weiterhilft. Ein solches Wort nimmt die Last der Schuld nicht ab, es verewigt sie, es demütigt. Die Verstimmung schwelt weiter, die Entfremdung wächst, man lebt sich auseinander.

Zwar wird kein ausdrücklicher Vorwurf mehr erhoben – man hat ja verziehen –, aber der Betroffene argwöhnt in jedem Blick und vor allem in jedem Schweigen des anderen jene unheilvolle Erinnerung, denn: Vergessen kann er ja nicht.

Gewiß, über Erinnerungen ist man nicht Herr, und Vergangenes läßt sich nicht ungeschehen machen. Erinnerung ist vorwiegend Sache des Verstandes, und der läßt sich nicht ausschalten. Verzeihung aber ist Sache des Willens, und der kann die Erinnerung heilen. Und wirkliche Liebe kann die Erinnerung umwandeln. Wenn sie dann wieder hochkommt, dann wenigstens nicht mit dem Bewußtsein der eigenen Großmut und Überlegenheit: Was bin ich doch für ein versöhnlicher Mensch! Eine solche Erinnerung ist dann vielmehr um die Erfahrung reicher, daß an jener Schuld die eigene Liebe und die des anderen gewachsen sind. Wirkliche Liebe lebt von der Versöhnung und wächst an der „Ent-Täuschung".

Darum kann es geradezu heilsam sein, wenn zwei Menschen aneinander schuldig wurden, denn in der Entfremdung, in dem vorübergehenden Verlust des anderen erfährt man oft erst dessen Wert; und wenn dieser Zustand überwunden ist, ist man tiefer miteinander verbunden als vorher. Deshalb gehört Versöhnung zum Beglückendsten zwischen Menschen. Auch da wird nicht vergessen, aber die Erinnerung ist dann nicht voller Vorwürfe, sondern voller Dankbarkeit. In diesem Sinn kann eine überwundene Schuld, ein wirklich vergessenes Versagen unter Umständen besser sein als ein nie gewesenes.

Mitmenschliche Liebe ist so vielschichtig und so weit, daß man immer nur Ausschnitte davon in den Blick bekommen kann. Das Verzeihen ist ein solcher Ausschnitt dieser Liebe. Da, wo man eigentlich sagen könnte: „Aber er hat doch angefangen – aber ich bin doch im Recht", da fängt die Liebe erst an. Wir denken bei dem Wort Nächstenliebe zu leicht an Almosen. Sogenannte milde Gaben geben sich leichter als ein echtes Verzeihen, aber sie verletzen auch leichter.

Es ist eine geistliche Erfahrung, daß ein Fortschritt im religiösen Leben nicht möglich ist, wenn Vergangenheit nicht bewältigt ist; wenn ich nicht bereit bin, zu verzeihen; wenn ich immer wieder die grollende Erinnerung aufwärme. Was nicht verziehen ist, wird nicht bewältigt, nicht geheilt und darum auch nicht vergessen. Eine Hilfe, um verzeihen zu können, ist das Gebet für den, dem ich vergeben will. Gebet für einen Menschen ist ein Stück Liebe zu diesem Menschen.

Wir alle leben von dieser verzeihenden Liebe. Wer käme nicht irgendwann in die Schuld des anderen und wäre auf dessen Verzeihen angewiesen? Auch Gott liebt uns im Zustand der Schuld und hat uns geliebt, gerade als wir noch in der Sünde waren (Röm 5,8), als demnach so gar nichts Liebenswertes an uns war. Die Liebe ist das Zentrum des christlichen Glaubens. Daran wollen uns auch die Menschen erkennen, und daran testen sie uns. Der heutige realistische Mensch sucht Tatsachen und Ereignisse. Das Ereignis aber, worauf er wartet, ist das Ereignis der Liebe in all ihren Schattierungen, als brüderlich verzeihende und helfende Liebe. Danach werden wir beurteilt.

Von der Rose leben

Von Rainer Maria Rilke gibt es eine Geschichte aus der Zeit seines ersten Aufenthaltes in Paris. Regelmäßig kam er mit einer jungen Französin um die Mittagszeit an einem Platz vorbei, an dem eine Bettlerin saß. Ohne je einen Geber anzusehen oder ein anderes Zeichen des Bittens oder Dankens zu äußern, saß sie da und streckte nur ihre Hand aus. Immer am gleichen Ort bettelte sie um Geld.

Rilke gab nie etwas. Seine Begleiterin aber gab häufig ein Geldstück. Eines Tages fragte die Französin verwundert nach dem Grund, warum er nichts gäbe. Rilke gab zur Antwort: „Wir müßten ihrem Herzen schenken, nicht ihrer Hand." Wenige Tage später brachte Rilke eine eben aufgeblühte weiße Rose mit, legte sie in die offene, abgezehrte Hand der Bettlerin und wollte weitergehen.

Da geschah etwas Unerwartetes: Die Bettlerin blickte auf, sah den Geber, erhob sich mühsam von der Erde, tastete nach der Hand des ihr fremden Mannes, küßte sie und ging mit der Rose davon.

Eine Woche lang war die Alte verschwunden. Ihr Platz blieb leer. Vergeblich suchte die Begleiterin Rilkes eine Antwort darauf, wer wohl jetzt der Alten ein Almosen gebe und wovon sie lebe. Nach acht Tagen saß plötzlich die Bettlerin wieder wie früher am gewohnten Platz. Stumm wie damals. Durch die ausgestreckte Hand zeigte sie ihre Bedürftigkeit. Sonst nichts. „Aber wovon hat sie dann all die Tage, da sie nichts erhielt, nur gelebt?" fragte die Französin. Rilke antwortete: „Von der Rose."

Bekannt ist der Versuch, den Friedrich II. von Sizilien vor Jahrhunderten anstellen ließ. Er ließ kleine Kinder mit dem Besten versorgen. Aber eben nur versorgen. Die Ammen nährten sie, aber sie sprachen nicht mit ihnen. Die Kinder wurden nicht alt – obwohl sie gut versorgt waren.

Wovon lebt eigentlich der Mensch? Natürlich braucht er auch das Lebensnotwendige an Nahrung. Aber ein Mensch kann an vollen Tischen verhungern, wenn ihm die Zuwendung fehlt. Wenn er einsam ist, nicht angesprochen wird. Gehen vielleicht deswegen junge Menschen bis nach Indien oder in eine der sogenannten Jugendsekten, weil sie zwar genug zum Essen haben, übergenug – weil sie aber bei alldem verhungern?

Jeder Mensch ist in diesem Sinne Bettler. Angewiesen auf die Rose des anderen. Wichtiger aber, als auf die Rose zu warten, ist es, sie selbst zu schenken. Wo sind die Rosen, die ich heute schenken könnte? Die kleinen Zeichen der Nähe und der Aufmerksamkeit?

Bekannter als diese Geschichte mit der Rose ist das Märchen von der Maus Frederik. Während alle anderen Mäuse für den Wintervorrat sorgen, liegt sie in der Sonne. Auf alle Vorwürfe hin antwortet sie nur: Ich sammle Licht, ich sammle Wärme, ich sammle Worte ... Und als im späten Winter der Vorrat an Früchten ausgeht, kommen die Mäuse zu ihr, und sie teilt aus: Licht, Wärme, Worte ...

Licht, Wärme, Worte ... davon gibt es übergenug. Weil es Gott gibt, der sein Licht, seine Nähe, sein Wort über diese Welt ausgegossen hat.

Eine seltsame Dame

Worte, die einem etwas gegeben haben, sollte man nicht für sich behalten. Ich hörte kürzlich ein solches Wort im Theater und möchte es weitersagen. Da hatte „Eine seltsame Dame" – so hieß das Stück –, von der die Umwelt annahm, daß sie ins Irrenhaus gehöre, in Wirklichkeit sehr weise und vernünftige Vorstellungen vom Leben. Ein Satz blieb mir im Gedächtnis: „Die Menschen sagen: ‚Ich liebe dich', wenn sie sagen: ‚Nimm einen Schirm, es regnet in Strömen'; oder: ‚Bist du warm angezogen?' oder: ‚Komm bald zurück'; oder: ‚Gib acht, daß du dir nicht den Hals brichst'. Es gibt tausend verschiedene Variationen für diesen Satz, man muß nur hören können."

Mir ging dieses Wort sehr lange durch den Kopf. Manche Menschen quälen sich: „Mich mag keiner" oder „Mir sagt niemand etwas Nettes". Das Wort „ich liebe dich" spricht sich nun einmal nicht so leicht aus. Es ist ein anspruchsvolles Wort, man fürchtet, damit etwas vom Eigenen preiszugeben, sein Inneres zu öffnen. Kann man beispielsweise von einem Vierzehnjährigen erwarten, daß er seine Dankbarkeit und Zuneigung gegenüber den Eltern direkt und unverblümt sagt? Er würde sich eher die Zunge abbeißen. Er benutzt dafür belanglose Worte und getarnte Zeichen, aber kluge Eltern verstehen ihn dennoch.

Überhaupt: Kann ein einzelnes Wort eine solche Wirklichkeit wie Liebe oder Zuneigung fassen? Muß das nicht eine seltene Münze bleiben, die man nicht täglich ausgibt? Muß sich dieses große Wort im Alltag nicht in viele kleine gängige Münzen umwechseln? Es versteckt sich hinter Aufmerksamkeiten und multipliziert sich in hundert Nebensächlichkeiten und Ratschlägen. Ist das nicht gerade das Schöne daran, daß es uns so unerwartet entgegentreten kann? Daß es Varianten kennt?

Man muß nur zu hören verstehen! Für viele Menschen sind diese mannigfaltigen Formeln der Anteilnahme und Fürsorge nur lästige

Mahnung oder leere Höflichkeitsformeln. Vor allem der junge Mensch wird leicht geneigt sein, hinter wohlmeinenden Ratschlägen wie „Zieh dich warm an" Gängelei und Bevormundung zu sehen. Gelegentlich ist es das auch, dann nämlich, wenn ein Mensch auf diese Weise seinen Willen aufzwingen will, den anderen nicht selbständig werden läßt. Das gesunde Empfinden aber läßt uns sehr schnell heraushören, ob Bevormundung oder aber herzliche Zuneigung und menschliche Sorge hinter einem Wort stehen. Wenn man zu hören versteht, dann entdeckt man viel Schönes und Beglückendes, das einem sonst verborgen bliebe. Daß dem Tauben viel Schönes entgeht, ist uns klar. Daß ich selbst mich um vieles Schönes bringe, wenn ich nicht recht zu hören verstehe, müßte ich noch lernen.

Zuhörer gesucht

Immer wieder gehen Nachrichten durch die Welt von Menschen, die in einem Bergwerk verschüttet wurden. Oft können sich einige in einer Luftblase eine Zeitlang am Leben halten. Sie versuchen, Klopfzeichen zu geben. Wenn uns nur jemand hört, dann ist uns geholfen! Können Sie sich vorstellen, was in diesen Menschen vorgeht, wenn sie merken, daß ihre Klopfzeichen erwidert werden? Welche Zentnerlast ihnen von der Seele fällt? Gehört werden, das ist in diesem Fall fast so viel wie die Rettung.

Kürzlich las ich in der Zeitung, daß eine Dame eine Anzeige aufgegeben habe, sie sei bereit, jedem, der irgendwelche Probleme habe, eine halbe Stunde zuzuhören. Natürlich gegen Bezahlung. Es wurde weiter berichtet, daß das Geschäft mit dem Zuhören außerordentlich gewinnbringend sei.

Geschäfte regeln sich nach dem Prinzip von Angebot und Nachfrage. Zweifellos besteht eine große Nachfrage nach Zuhörern, nach Menschen, die sich für einen Zeit nehmen und einen aussprechen lassen. Ein Rat, eine Stellungnahme ist oft gar nicht einmal so wichtig. Die Klage, daß selbst diejenigen, die eigentlich von Berufs wegen ein Ohr für andere haben müßten – etwa Ärzte oder Geistliche –, keine Zeit für einen hätten, höre ich sehr oft. Nicht umsonst wird die Telefonseelsorge in den Großstädten so stark in Anspruch genommen. „Wem kann ich es sagen", unter diesem Slogan macht der Frankfurter Notruf auf sich aufmerksam. In einer anderen deutschen Großstadt nennt man diese Einrichtung „Zeit für Dich", um von vornherein jede Scheu zu nehmen, man komme ungelegen. Man kann heute jemand kaum ein wertvolleres Geschenk machen, als daß man ihm Zeit und Gehör schenkt: dem Kind im Fragealter, dem Ehepartner, der den ganzen Tag für sich war; dem Mitarbeiter, der seit Tagen so still ist, wo er doch seine Bedrängnis am liebsten hinausschreien möchte ...

Es gibt so viele Möglichkeiten, sich die Ohren zuzuhalten. Man braucht sich zum Beispiel nur hinter einer Zeitung zu verschanzen oder vorsorglich zu stöhnen: „Ich habe heute den Kopf so voll", und der andere, der heute endlich einmal sprechen wollte, bringt kein Wort heraus. Das Wort der Bibel „Wer Ohren hat, der höre" (Mt 13,9) darf sicher im übertragenen Sinn auch von Mensch zu Mensch gelten.

An unzähligen Stellen der Hl. Schrift wird Gott als einer bezeichnet, der hört, erhört. Der ein Ohr für uns hat. „Sollte der nicht hören, der das Ohr gepflanzt hat?" (Ps 93,9). Damit soll gesagt sein, daß er für uns Zeit hat, daß wir ihm alles sagen dürfen, daß er versteht, selbst wenn wir nicht wissen, was wir sagen sollen. Gott hört nicht wie der Lauscher an der Wand, der ertappen, aushorchen will; der wissen möchte, was ihm eigentlich verborgen bleiben sollte. Erinnern Sie sich noch einmal an das Bild vom Anfang: die Verschütteten geben Klopfzeichen, sie möchten gehört werden. Gott soll mich hören, soll wissen, wie es um mich steht, damit er mir um so mehr seine Hilfe leiht. „Wende dein Ohr mir zu, achte auf mein lautes Flehen" (Ps 130,2). – Vielleicht ist es mein Ohr, durch das Gott heute jemand hören, anhören, erhören will?

Maschinen sind auch nur Menschen

Es gibt jetzt Geschäfte, in denen – oder besser: *vor* denen – man durch einen Roboter bedient wird. Man steht vor einem gefüllten Schaufenster, und man wählt an einer Tabelle das Gewünschte. Sobald man das entsprechende Geld eingeworfen hat, setzt sich ein Roboter in Bewegung. Er gleitet an der Scheibe entlang, greift nach der Ware und transportiert sie zu einem Fenster, wo sie dem Käufer entgegengehalten wird.

Was mich und manchen anderen Zuschauer dabei am meisten beschäftigte, war ein Spruch an einem solchen Schaufenster: „Maschinen sind auch nur Menschen."

Maschinen sind auch nur Menschen, das klingt wie eine Entschuldigung für den Roboter. Menschen begehen Fehler, oder sie irren sich – wundere dich also nicht, wenn auch dieser Automat einmal einen Fehlgriff tut. Oder soll es heißen: Wenn du dich über die unpersönliche Bedienung ärgerst – so ganz ohne Lächeln und Rückfrage, ob es sonst noch etwas sein dürfe –, dann denke daran, wie unpersönlich und mechanisch die Bedienung durch Menschen sein kann. Oder ist der Spruch noch tiefsinniger gemeint: Maschinen leisten immer nur so viel, wie Menschen in sie hineinprogrammieren?

Maschinen sind auch nur Menschen. Das Maß, nach dem hier beurteilt wird, ist also der Mensch. Auch die Maschine wird an ihm gemessen. Und dieser Mensch ist bescheiden genug, sich seine Unvollkommenheit einzugestehen und von der Maschine quittieren zu lassen. Schon der kleine Schuß Humor, der darin steckt, ist etwas Menschliches. Die Maschine kann nicht über sich selbst lächeln oder sich entschuldigen. Hier ist ihre Grenze, hier beginnt das Menschliche. Ich finde dieses Plädoyer für die Maschine so menschlich. Wenn schon Maschinen nur Menschen sind, um wieviel mehr wird man sich ein andermal daran erinnern, daß selbst die Menschen nur Menschen sind. Diese Selbstverständlichkeit muß uns manchmal auf eine schokkierende Weise gesagt werden, sonst ist es zu selbstverständlich und betrifft uns nicht. Auch Kinder, Kranke, Mitarbeiter, Kunden, ja sogar Querulanten ... sind also nur Menschen; aber auch Lehrer, Priester, Eltern usw.

Aber sie sind eben auch wirklich Menschen. Ein Glück, daß es „nur Menschen" sind. Tröstlich für jeden von uns. Ich hätte es geschmacklos empfunden, wenn an dem Laden gestanden hätte: Maschinen sind doch die besseren Menschen. Die Ausdauer, Zuverlässigkeit, Widerspruchslosigkeit und Dienstbereitschaft der Maschine mag den Menschen übertreffen. Trotzdem ist mir ein Mensch, der versagen kann, lieber als maschinelle Routine. Wenn aber schon Routine, so ist sie mir bei einer Maschine erträglicher als bei einem Menschen. Ich wünsche mir jedenfalls, Menschen zu begegnen. Hoffentlich haben diese wiederum nicht das Empfinden, in mir einem Automaten gegenüberzustehen.

Es gab einmal einen, von dem gesagt wurde: Seht, was für ein Mensch! Und gerade von dem wissen wir, daß er niemals aus Routine sprach oder handelte. Aber von ihm wissen wir auch, daß er von Gott kam. Nichts bewahrt mich mehr davor, der Maschine ähnlich zu werden, als wenn ich mich an ihn halte.

Wir stehlen

Im Rundfunk hörte ich einen Vortrag über Diebstähle in Betrieben. Da werden nicht nur Bleistifte und Papier oder Briefmarken entwendet; ganze Autoteile werden nach und nach herausgeschafft und draußen zusammengesetzt. Einem leitenden Angestellten gelang es, direkt vom Band weg ganze Autos durch ein nie besetztes Fabriktor hinauszubringen.

Natürlich tun *wir* so etwas nicht. Stimmt das aber wirklich? Es gibt viele andere Möglichkeiten, jemand etwas zu stehlen: beispielsweise die Zeit. Da erwarten wir ganz selbstverständlich, daß uns jemand seine Zeit zur Verfügung stellt, nur weil wir gerade Zeit haben. Oder an einem 8-Stunden-Tag wird nur 7 oder noch weniger Stunden wirkliche Arbeit für den Betrieb geleistet.

Man kann einem seinen guten Namen nehmen, seine Ehre, sein Ansehen. Das ist weit schlimmer als Blechdiebstahl. Oder einer nimmt dem anderen seine Freiheit. Durch Manipulation, Repression, durch Ausübung von Macht. Und es wird viel Macht ausgeübt; nicht nur von den sogenannten Mächtigen. Und wie oft nimmt in einer Ehe einer dem anderen die Freiheit, er selbst zu sein. Auf ganz stille und heimliche Weise kann Macht ausgeübt werden: durch beleidigtes Schweigen, durch Tränen.

Oder wir nehmen jemand sein Vertrauen dadurch, daß wir es mißbrauchen. Was kann in Kindern damit zerstört werden! Wir nehmen jemand sein Selbstbewußtsein, indem wir ihn demütigen. Das wiederholte Wort „Du bringst es nie zu etwas" kann jemand mehr wegnehmen als ein erheblicher Diebstahl, nämlich sein Selbstvertrauen, ohne das er dann wirklich zum Versager wird.

Vielleicht nehmen wir einem anderen die Freude. Manchmal böswillig: Wenn ich mich selbst nicht freuen kann, dann mag es auch die Umwelt spüren. Manchesmal unbewußt: Eine Bemerkung, ein Blick kann dem anderen die ganze Freude an etwas nehmen, auf das er sich seit Wochen gefreut hat. Vielleicht tut es einem sofort wieder leid, aber der Schaden, der angerichtet wurde, ist da.

Es gibt eigentlich nur ein Mittel, sich dagegen zu rüsten. Der Vorsatz, nichts wegzunehmen, ist zu wenig, zu kraftlos. An seine Stelle muß die Absicht treten, zu geben. Also nicht etwas zu unterlassen, sondern etwas zu tun. Was kann ich wo heute an Freiheit, Freude, an Vertrauen und Bestätigung schenken? Mindestens jeder zweite, der mir heute begegnet, wartet darauf. Wenn ich das übersehe, habe ich ihm schon wieder etwas genommen: eine Hoffnung.

Denn ist nicht auch das ein subtiles Stehlen, dem anderen etwas vorzuenthalten, was er dringend braucht? Wonach er sich sehnt: Zeit, Geduld, Zuspruch, Hilfe ...? Hat er darauf nicht einen Anspruch? Einem etwas vorenthalten, worauf er einen Anspruch hat, ist Diebstahl. Wir sündigen mehr durch Unterlassungen als durch Taten.

Frechheit siegt

Geht es Ihnen gelegentlich auch so? Sie sind im Auto unterwegs und erleben andere Verkehrsteilnehmer, z. B. Schrittfahren auf der Autobahn. Alles ordnet sich in die rechte Fahrbahn ein, nur einer fährt links vorbei. 200 Meter, 300 Meter. Ob er dann noch rechts reinkommt? Er kommt rein. Und ist dadurch vorndran. Wie das so oft im Leben ist.

Ich gestehe, daß mir bei solcher Gelegenheit jedesmal die verschiedensten Gedanken kommen, zuerst: Frechheit siegt. Sogleich sind x andere Beispiele parat, wo es ebenso geht. Tatsächlich ist das doch so: Wer Ellenbogen gebraucht, kommt oft weiter als andere. – Und dann kann es passieren, daß – wenn ich den anderen vielleicht an einer Ampel wieder einhole – der schadenfrohe Gedanke kommt: Das hast du nun davon.

Kaum versuchen sich diese Gedanken wie ein Ölfleck auszubreiten, gibt es die peinliche Erkenntnis, daß derartige Überlegungen ja wohl etwas mit Neid zu tun haben. Wer aber gesteht sich schon gerne ein, daß er neidisch sein kann? Also setzt sofort wieder ein Rechtfertigungsmechanismus ein, der neue Gedanken an die Oberfläche spült: Es geht dir ja nur um Recht und Gerechtigkeit; wenn jeder so handeln wollte! Und außerdem die Gefährdung anderer Verkehrsteilnehmer. Und schließlich gefährdet sich der Ellenbogenmensch im Auto auch selbst. Darum wäre es auch in seinem Sinne gut, wenn er irgendeinen Dämpfer bekäme. – Womit die Menschenfreundlichkeit der eigenen Gedanken wieder einmal unter Beweis gestellt wäre.

Was alles an Gedanken in einem möglich ist! Solche Erfahrungen sind nicht gerade Futter für die persönliche Eitelkeit. Aber es geht um mehr als um eine augenblickliche Unzufriedenheit mit sich selbst. Leicht können derartige negative Gedanken in einem die Überhand gewinnen, sich allmählich festsetzen. So entsteht jene Verbitterung und Resignation, die oft älteren Menschen das Leben so vergällt: Es gibt eben keine Gerechtigkeit; das Böse ist nun einmal stärker; man

kann sich eben nur auf sich selbst verlassen; der heutige Zeitgeist ...
und wie die Schlagworte alle heißen. Keine Sorge, jetzt folgt nicht der
Hinweis auf die göttliche Gerechtigkeit, die dann doch ausgleicht und
das wirklich Gute belohnt. Ich bin von dieser Gerechtigkeit überzeugt.
Aber an dieser Stelle wäre mir ein solcher Ausblick viel zu früh ange-
setzt. Das würde Gott wieder zum Erfüllungsgehilfen meiner allzu
menschlichen Erwartungen machen. Es geht ganz schlicht und einfach
darum, wie ich solche Gedanken – ohne sie zu verdrängen – zum Posi-
tiven wenden kann. Ich meine, es käme darauf an, in jedem Fall gegen-
zusteuern. Also beispielsweise zu hinterfragen, warum jener
vielleicht so handelt. Da würde mir beispielsweise einfallen, daß der
andere es möglicherweise sehr eilig hat. Ich würde mich daran erinnern, daß ich ja heute eigentlich Zeit habe und daß mir die 200 Meter
Vorsprung des anderen deshalb gar nichts ausmachen. Vielleicht muß
ich mir einfach sagen, daß gerade der, den ich durch seine Dreistigkeit
als unangenehm empfinde, mir helfen kann, gelassener zu werden;
freier von meinen eigenen Interessen; daß er mir helfen kann, über
kleine Unannehmlichkeiten hinwegzusehen; nicht jedes Wort und
jede Tat gleich auf die Goldwaage zu legen. Dann hätte der, über den
ich mich ärgere, mir vielleicht sogar einen Dienst erwiesen. Ich
wünschte, ich könnte heute über den, der mir querkommt, schmun-
zeln – und über mich.

Wann weicht die Sonne dem Tag?

Ein Rabbi, ein jüdischer Gelehrter, fragte seine Schüler: „Wann weicht die Nacht dem Tag? Woran erkennt man das?" Wir würden natürlich sagen: „Wenn die Sonne aufgeht." Und wann das heute der Fall ist, steht im Kalender. Aber was ist damit schon gesagt? Die Schüler des Rabbi versuchten deshalb eine andere Antwort: „Vielleicht, wenn man den ersten Lichtschimmer am Himmel sieht, dann weicht die Nacht dem Tag", meinte der eine. „Wenn man einen Busch auf zehn Meter schon von einem Menschen unterscheiden kann", sagte ein anderer. Aber auf alles, was die Schüler sagten, antwortete der Rabbi nur mit „Nein". Schließlich sagte er: „Die Nacht weicht dem Tag, wenn der eine im Gesicht des anderen den Bruder oder die Schwester erkennt. Solange das nicht der Fall ist, ist die Nacht noch in uns."

Soweit die Erzählung. Natürlich werden hier die Begriffe Tag und Licht bzw. Nacht und Finsternis in einem umfassenderen Sinn verstanden. Aber welche Wahrheit ist nun tiefer, hat mehr Wirklichkeit, d. h. mehr Einwirkung auf unser Leben? Die, daß es den Wechsel von Tageslicht und Nacht gibt oder die andere Erfahrung, daß es ohne die Güte und Zuwendung nie wirklich hell wird in unserem Leben? Ist die Lebensqualität in Norwegen etwa geringer, weil die Nächte und die Dunkelheit dort länger dauern? Ist sie etwa dort größer, wo wir es fertigbringen, durch Neonröhren die Nächte zu Tagen zu machen? Wird es nicht wirklich Nacht für den, dem ein lieber Mensch genommen wurde, auch wenn die Sonne hoch am Himmel steht? Und wird ein Leben nicht taghell, wenn einem gesagt wird „Ich mag dich" – auch wenn die Sonne nicht scheint? Die Nacht weicht dem Tag, dem Licht, wenn der eine im Gesicht des anderen den Bruder und die Schwester erkennt. Solange das nicht der Fall ist, ist die Nacht noch in uns. Nicht das, was ich auf den ersten Blick vom anderen erkenne, ist das eigentliche. Das kann Tarnung sein, Resignation, Mauer ... Erst wenn ich mich davon nicht täuschen lasse, wenn ich hinter der harten Fassade den Bruder, die Schwester erkenne, dann erst sehe ich richtig. Und wo das geschieht, wird es hell, wird es Tag: im anderen und in mir.

Das ist natürlich leichter gesagt als verwirklicht. Aber es ist möglich, seitdem einer in *jedem* von uns den Bruder und die Schwester erkannt hat. Seitdem einer unser Bruder wurde, der nicht nur Licht bringt, sondern wie das Evangelium sagt, selbst Licht ist. Und je mehr ich ihn – d.h. Gott selbst – im Gesicht meines Bruders und der Schwester erkenne, um so mehr erkenne ich zugleich den anderen und mich selbst. Ohne Licht gibt es nun einmal keinen Tag. Das entscheidende Licht aber kommt in unser Leben durch die Botschaft Jesu: Gott selbst hat jeden von uns als Bruder und Schwester angenommen.

Der Baum hat Hoffnung; ist er gefällt, grünt er wieder

Ijob 14, 7

Augenschein

Zur Nacht hat ein Sturm alle Bäume entlaubt,
sieh sie an, die knöchernen Besen;
ein Narr, der bei diesem Anblick glaubt,
es wäre je Sommer gewesen;
und ein größerer Narr, wer träumt und sinnt,
es könnte je wieder Sommer werden.
Und gerade diese gläubige Narrheit, Kind,
ist die sicherste Wahrheit auf Erden!

Ernst Ginsberg

Alles, was lebt,
lebt auf Hoffnung hin.
Ohne Hoffnung wächst nichts,
keimt kein Samen,
blüht keine Blume,
atmet weder Mensch noch Tier.
Ohne Hoffnung wird kein Mensch geboren,
kein Schritt getan,
kein Auge geöffnet,
kein Wort gesprochen,
kein Lied gesungen,
keine Träne geweint,
kein Kummer, keine Mühe durchgestanden,
kein Leid durchlitten,
kein Hunger überlebt.
Hoffnungslosigkeit ist der eigentliche Tod.
Wer hofft, lebt und wird leben.

Glauben heißt hoffen

Wer war schon einmal wirklich „wunschlos glücklich" – wie man so sagt? Für kurze Augenblicke mag es das geben: wenn wir die Liebe eines Menschen gewonnen oder ein Werk vollendet haben ... Aber gerade in den glücklichsten Augenblicken leiden wir am meisten darunter, daß wir sie nicht festhalten können, daß sie vergänglich sind. Und schon ist es wieder aus mit dem „wunschlos glücklich sein". Aber auch wenn unsere Erwartung noch so oft zerschlagen wird – die Hoffnung bricht immer wieder durch. Wenn wir erst einmal nicht mehr hoffen können, ist unsere Lebenskraft am Ende.

Meist gehen unsere Hoffnungen auf Dinge, die unmittelbar vor uns liegen, und diese kleinen Erwartungen halten unseren Alltag in Spannung. Daneben gibt es das Verlangen, das sich auf fernere Ziele richtet: Das Kind will groß werden, der Schüler will Geld verdienen, der Lehrling will aufsteigen, einen Wagen besitzen, das Ehepaar wünscht sich Kinder, ein Haus, eine gesicherte Zukunft. Immer haben wir noch etwas vor uns, das uns erstrebenswerter erscheint. In dem Augenblick aber, wo wir es erreicht haben, hat unser Verlangen bereits wieder ein neues Ziel entdeckt. Von einer wirklichen und endgültigen Erfüllung kann nie die Rede sein. Es ist, wie wenn einer seinem eigenen Schatten nachläuft und dabei immer doch den gleichen Abstand behält.

Ist das also unser Schicksal: ein Verlangen ohne Erfüllung? Oder hat unsere Hoffnung eine reelle Chance auf Sättigung? Es sind doch sonst alle Triebe in uns sinnvoll angelegt und haben die Möglichkeit der Erfüllung. Unser ganzes Leben ist sinnvoll geordnet. Ausgerechnet dieser Grundtrieb des Menschen nach Glück sollte keine Erfüllung finden? Dann wäre der Mensch das genarrteste Geschöpf, das es gibt. Das ganze Leben wäre eine einzige Sinnlosigkeit.

Irgendwo muß dieses Verlangen eine Erfüllung finden. Fragt sich nur: Wo? Im Leben zeigt sich nirgendwo die volle Erfüllung. Heißt das, daß das, was wir als Leben bezeichnen, nicht das ganze Leben ist? Wenn die Erwartungen des Menschen so unbegrenzt sind, deutet das dann nicht darauf hin, daß es auch ein unbegrenztes Ziel geben muß, eine Dimension, die über unser irdisches Leben hinausreicht? Wer wollte behaupten, daß ein solches Ziel nicht existiere, nur weil wir es hier und jetzt nicht finden?

Der christliche Glaube rechnet mit einer derartigen Sinnerfüllung. Er sagt uns, daß unsere Endlichkeit, die wir ständig zu überschreiten suchen, nur im Unendlichen, letztlich in Gott ihre Ruhe finden kann. Das ist nicht „beweisbar" wie die Tatsache, daß zweimal zwei gleich vier ist. Aber wer sich darauf verläßt, erfährt die Bestätigung dafür überall im Leben. „Glaube heißt, sich mit seiner ganzen Person auf die *ganze* Wirklichkeit einlassen" (nach Altfried Kassing). Glaube ist daher von der Hoffnung nicht zu trennen. Es hat wenig Zweck, darüber zu theoretisieren; man muß es erfahren, daß man darauf ein Leben bauen kann. Das geht freilich nur, wenn ich mit dieser Hoffnung einmal wirklich zu leben versuche.

Verworrene Ziele

Der Physiker Einstein hat einmal gesagt: „Wir leben in einer Welt vollkommener Mittel, aber verworrener Ziele." Er will damit sagen: Wir können fast alles, aber wir wissen nicht, wohin das führen soll.

Wir haben noch nie so gut gegessen wie heute, aber wir waren auch nie so unersättlich. Die Menschheit hatte nie so viel Wissen, aber auch nie so viel Ungewißheit und Zweifel. Nie gab es so viel Macht in der Welt, aber nie war der einzelne auch so ohnmächtig. Wir haben viel mehr Freiheit als die Menschen früher, aber wahrscheinlich gab es auch nie so viele Zwänge wie heute. Nie konnten sich Menschen die Arbeit so sehr erleichtern wie heute; nie aber haben sich Menschen so sehr über Streß beklagt. Man könnte diese Aufzählung noch lange fortsetzen.

Vielleicht hat das alles damit zu tun, daß die Ziele so unklar, so verworren sind. Ohne Ziel wird alles sinnlos. Wozu lebe ich eigentlich? Um zu arbeiten? Oder arbeite ich nicht vielmehr, um zu leben? Aber was heißt das: leben? Das bedeutet doch offenbar mehr als satt und älter werden. Und wenn ich alt und gebrechlich bin, ist das dann „kein Leben mehr"? Weil ich nicht mehr viel vor mir habe? Und ist das Ungeborene, das noch alles vor sich hat, kein Leben? Wonach beurteile ich, ob das Leben lebenswert ist? Und wann sage ich: „Das ist kein Leben mehr"?

Ich glaube, das sagt man, wenn man nichts mehr zu erhoffen hat, wenn man kein Ziel mehr sieht. Das Schwere wird erträglich, wenn man weiß, wofür man es auf sich nimmt: etwa eine Arbeit, eine Operation, eine Fastenkur ... Wenn ich ein Ziel sehe, wird fast alles erträglich.

Jesus sagt, daß er ewiges Leben schenken werde, Leben für immer, nicht nur für heute und morgen. Es wäre falsch, das nur als Zukunftsverheißung zu deuten. Natürlich wird uns damit Zukunft garantiert. Ein Ziel gezeigt. Aber das Ziel verändert auch das Heute. Es macht auch die Gegenwart sinnvoll. Wenn ich weiß, was ich will, kann ich die entsprechenden Mittel dafür aussuchen. Wenn ich weiß, wie das Haus aussehen soll, können Pläne gemacht werden. Die Philosophie sagt: Das Ziel ist in der Ausführung das letzte; aber im Wollen steht es ganz am Anfang.

Ich glaube, daß unter diesem Gesichtspunkt manches, was mir jetzt „unendlich wichtig" erscheint, unwichtig wird. Daß aber anderes an Bedeutung gewinnen müßte. – Das Ziel des ganzen Lebens muß ich kennen und vor Augen haben, um der eigenen Lebenssicht die nötige Tiefenschärfe geben zu können. Mir jedenfalls scheint ein Leben unvollkommener Mittel, aber klarer Zielrichtung besser als ein Leben vollkommener Mittel, aber verworrener Ziele.

Post für mich

Haben Sie schon einmal darauf geachtet, wie das ist, wenn jemand Post bekommt? Wie es den Menschen verändert, wenn man ihm sagt: „Du hast etwas dabei." Wie dann eine Erwartung aufbricht, wie dieser Mensch lebhafter wird und nicht mehr warten kann?

Selbst bei der Alltagspost ist das so. Jeden Tag und immer wieder, wenn es auch meist nur Feriengrüße und Festtagswünsche oder gar Drucksachen sind, die da eintreffen; wenn auch jedesmal ein bißchen Enttäuschung zurückbleibt, daß es nicht mehr und nicht schönere Post war.

An was sich doch alles Hoffnung entzünden kann. Wir brauchen immer etwas, auf das wir uns freuen. Wenn so ein Tag, eine Woche nur irgend etwas enthält, das aus dem Alltagsrahmen herausfällt – etwa ein Besuch heute abend, eine Verabredung morgen, eine Veranstaltung, ein Fest, ein Hobby daheim, oder sogar eine Arbeit, auf die man sich freut – schon liegt über dem ganzen Tag ein besonderer Glanz, eine Erwartung, die alles leichter macht als sonst. Und wie enttäuschend sind dann meist die erwarteten Augenblicke selbst. Die Vorfreude war schöner als das Ereignis. Ist das nicht eigenartig? Und dennoch, am kleinsten entzündet sich gleich danach wieder neue Erwartung und Hoffnung auf etwas Schönes. Ein Mensch, der nicht mehr auf diese Weise hoffen kann, ist krank.

Wie aber ist das an den Tagen, die nun gar nichts Besonderes versprechen, also heute vielleicht? – Ein Arbeitstag wie jeder andere, die gleiche Tapete, die gleichen Menschen, der gleiche Ärger. Und die meisten Tage unseres Lebens werden so sein. Muß man da einfach lustlos und wie ein Arbeitssklave in die Fron des Tages hineingehen? Oder haben Christen nicht eigentlich immer etwas zu hoffen? Denn die Huld Gottes ist an jedem Tag neu für uns, und seine Liebe wird sich auch heute irgendwie zeigen, wenn wir nur einen Blick dafür haben, wenn wir nicht alles so selbstverständlich nehmen. Wir sollten uns aber jetzt schon darauf freuen wie auf einen Brief, der uns liebe Nachricht bringt.

Ich las einmal: Wir gleichen Menschen, die sich beklagen, sie würden nie Post bekommen, während der Briefkasten von Briefen überquillt. Sie warten im Zimmer und jammern, statt zum Briefkasten zu gehen und nachzuschauen, ob ihnen niemand etwas geschickt hat.

Als Gläubige kennen wir kein dunkles, unpersönliches Schicksal, sondern nur „Schickungen". Auch wenn wir nicht hinter allem und jedem, was uns widerfährt, eine Absicht Gottes, eine Fügung vermuten müssen, so dürfen wir doch davon ausgehen, daß nichts bedeutungslos für uns ist, daß in allem eine Nachricht, ein Anruf Gottes stecken kann. In allem kann er uns etwas mitteilen, wir müssen nur seine Handschrift entziffern. Dabei gehen wir von dem Vertrauen aus: der da dies und jenes schickt, ist der Vater, der uns liebt.

Komm gut heim!

Ich sah ein Schild an der Rückseite mancher Lastwagen: „Komm gut heim." Eine Warnung an den nachfolgenden Fahrer: Blitzartig wird ihm bewußt, daß daheim jemand auf ihn wartet. An jedem Morgen flieht die Familie auseinander. Das, was alle, was vor allem aber die zurückbleibende Mutter oder die Gattin bewegt und was sie gelegentlich auch ausspricht: Mach's gut, komm gut wieder heim!

In letzter Zeit las man besonders häufig von Kindern, die nicht wieder heimgekehrt sind. Zunächst denken die Eltern nichts Schlimmes, aber sie sind doch unruhig. Dann beginnt die Angst, es wird herumgefragt. Wenn aber erst der Abend kommt, hält man es nicht mehr aus, die Polizei wird benachrichtigt. Es beginnen die Suchaktionen, Waldstücke werden durchkämmt. Man wartet nicht mehr, daß das Kind von selbst heim-findet, sondern man will es mit allen Mitteln zurücksuchen, es heim-suchen.

Vielleicht wird uns daran deutlich, was gemeint ist, wenn es an verschiedenen Stellen der Heiligen Schrift heißt, daß Gott die Menschen in Gnaden „heimsucht". Manchmal wird auch ein Schicksalsschlag als „Heimsuchung" bezeichnet, und damit soll zum Ausdruck gebracht werden, daß selbst hinter diesem Schweren jemand steht, der heimholen möchte, der sich sorgt und der nachgeht. Unwillkürlich denken wir an das Gleichnis vom guten Hirten.

Damit ist gesagt, daß Gott den Menschen als zu sich gehörig betrachtet, daß wir bei ihm letztlich daheim sind. So wie jemand zu seinem Tagwerk hinausgeht, sind wir von ihm in unser Leben hineingestellt worden und sollen wieder zu ihm heimkehren. Darum sagen wir ja oft von Verstorbenen, daß sie „heimgegangen" seien.

Komm gut heim! Dieser Wunsch, der wie kaum ein anderer mitmenschliche Sorge verrät, kann also einen vielfachen Sinn haben. Das erste, woran man denkt: Jeder, der heute Heim und Angehörige verläßt, möge gesund und heil heimkehren. Bei diesem oder jenem könnte es bedeuten, er möge gut, als ein Guter wieder heimkommen, auch wenn er vielleicht heute morgen böse, im Ärger wegging. Wieder einen anderen Klang hat das Wort dort, wo vielleicht eine Frau jeden Abend darauf wartet, daß der Vater zu guter Zeit, ja daß er überhaupt wieder heimkehre.

Ist es aber so ganz abwegig, wenn wir mit dem Wunsch „Komm gut heim" auch eine religiöse Bedeutung verbinden: daß wir nämlich am Ziel unseres Lebens heimfinden zu dem, der uns heimsucht? Das wäre ja schließlich entscheidend, daß wir da anlangen.

Kind im Mutterleib

Von alldem, was uns in der Welt bewegt, weiß ein Kind im Mutterleib noch nichts. Es weiß nicht einmal etwas über sich selber. Aber nehmen wir einmal an, es könnte schon über sich selbst nachdenken. Dann würde es sich etwa sagen: Wenn ich mich betrachte, dann verstehe ich mich nicht. Warum habe ich an meinem Körper oben und unten diese langen Auswüchse, Beine und Arme? Ich weiß gar nichts Vernünftiges damit anzufangen. Und wenn ich meinen Kopf ansehe, was sollen die Löcher an der Seite mit der großen Ohrmuschel? Was sollen die Öffnungen, die man Augen nennt? Ich verstehe das alles nicht. Was soll das?

Wir wissen natürlich, was das soll. Weil wir wissen, wie es weitergeht. Man müßte dem Ungeborenen also etwa sagen: Liebes Kind, du wirst einmal nicht mehr an diesen einen Ort gebunden sein, deine Beine werden dich kilometerweit fortbewegen. Und mit den Armen wirst du greifen, arbeiten. Mit den Augen wirst du Gegenstände, die ganz weit weg sind, in dich hineinholen können. Ich kann dir kaum erklären, was das heißt – sehen. Denn du kannst jetzt nur ein bißchen hell und dunkel sehen. Mit den Ohren wirst du nicht mehr nur Geräusche hören wie jetzt. Du wirst hören, was andere sprechen, ihre Gedanken kannst du in dich aufnehmen. Mit deinem Mund wirst du dich selbst anderen mitteilen können. Und so entsteht eine Verbindung zwischen dir und anderen Menschen. – Das alles aber wirst du erst verstehen können, wenn du geboren bist. Aber ich versichere dir, keines deiner Organe ist umsonst. Jedes hat seine Aufgabe. Vertraue nur darauf, daß alles in dir sinnvoll angelegt ist.

Ja, und dann tritt das Kind in die Welt und macht die Erfahrung, daß alle seine Veranlagungen tatsächlich eine Erfüllung finden können. Wirklich alle? Wenn der Mensch beginnt, über sich nachzudenken, dann entdeckt er auf einmal: ich habe noch andere Fähigkeiten. Ich suche z. B. nach einem umfassenden Sinn meines Lebens und kann diesen Sinn in alldem, was ich in meinem Leben vorfinde, nicht erkennen. Die Augen und die Ohren, die Hände und die Füße, das alles sind großartige Geschenke. Schön, daß mir das alles gegeben ist. Aber ich ersehne, ich erstrebe letztlich mehr, als jedes Auge und Ohr fassen können. Und so weit ich auch gehe, ich finde kein endgültiges Ziel meines Lebens. Nichts füllt mich voll und ganz aus. Ich habe eine unendliche Erwartung und Hoffnung in mir. Aber ich finde nichts in meinem Leben, was dem entspricht. Was soll also dieses unendliche Verlangen? (Nach Klemens Tilmann, „Einführung in die Meditation").

Wir können uns tatsächlich mit unseren Wünschen und Hoffnungen nicht deuten, ohne daß wir – wie das Ungeborene – unsere Zukunft mitdenken. So wie dieses Kind sich nur von seinem zukünftigen Dasein her verstehen könnte, verstehen auch wir uns nur von dem her, was noch kommt. Zum Glück gibt es einen, der uns über diese Zukunft etwas sagt. Durch Jesus Christus wissen wir, daß wir noch einmal in eine völlig andere Dimension eintreten, die uns jetzt noch niemand beschreiben kann. So wenig, wie man einem Blinden Licht erklären kann. Jesus sagt uns: Du mußt wiederum deinen Fähigkeiten und Anlagen, deinen Erwartungen und Hoffnungen trauen. Mußt dem vertrauen, was in dir angelegt ist. Du darfst damit rechnen, daß nichts umsonst ist. Glaube mir, daß es eine Erfüllung gibt, die im jetzigen menschlichen Bereich nicht zu finden ist. Das nämlich, was du letztlich erwartest, kann nur von Gott her kommen. Und deshalb ist es für dich so unbegreiflich, so anders. Und dennoch ist das, was Gott dir schenken will und was wir im Glauben „Himmel" nennen, bereits in deinem jetzigen Leben, in deiner Erwartung grundgelegt. Daher dein unendliches Verlangen. Durst ist der beste Beweis dafür, daß es etwas zum Trinken geben muß. Unendlicher Durst, unendlicher Hunger sind dann der beste Beweis dafür, daß es auch eine unendliche Erfüllung gibt.

Umsonst

Jeder von uns tut Tag für Tag manches umsonst, vergeblich. Ich will jemand besuchen, läute – keiner zu Hause. Umsonst. Ich erwarte einen Bekannten am Bahnhof. Nachdem auch die letzten sich verlaufen haben, weiß ich, daß es umsonst war. Ich will die Fotos vom Urlaub abholen – noch nicht fertig. Vergeblicher Gang ...

Nach solchen Erfahrungen sind wir enttäuscht. Stellen wir uns vor, es wäre anders gekommen: der Besuch wäre gekommen – der ganze Tag wäre anders, heller gewesen. Wir sind abhängig von solchen Erfahrungen.

Es gibt aber auch positive „Umsonst"-Erfahrungen: Es wird uns etwas geschenkt. Wirklich geschenkt, ganz umsonst. Völlig unerwartet und ohne, daß ich etwas dazugetan hätte, kommt eine angenehme Überraschung. Ich fahre auf eine Kreuzung zu, jemand läßt mir die Vorfahrt. Eine Kleinigkeit nur, aber ich freue mich. Hoffentlich freue ich mich und übersehe das nicht. – Es gibt so viele Selbstverständlichkeiten, für die ich nichts kann, die ich „umsonst" bekommen habe: Freunde, die mich bejahen, wie ich bin; Gesundheit; Kontakte; Schaffenskraft; ja, daß ich überhaupt lebe. Manchmal muß mir erst etwas genommen werden, bis ich bedenke, wie „umsonst" das alles war. Im Verlust merke ich manchmal erst, was ich hatte. Am Krankenbett z. B. erfahre ich, was Gesundheit bedeutet. Und beim Abschied merke ich, wie nah mir jemand steht.

Vielleicht liegt hier ein Sinn auch der Enttäuschungen: Ich lerne dadurch, daß nicht alles machbar ist, daß vieles sich meinem Zugriff entzieht, daß ich abhängig bin, daß ich mich in vielem verdanke, daß nur wenig in meinem Leben selbstverständlich ist. Ohne diese Umsonst-Erfahrung wüßten wir wahrscheinlich nichts über Erfolgserfahrungen.

Umsonst-Erfahrungen lehren uns das Danken. Das Kind vergißt das Danken, wenn es ihm selbstverständlich geworden ist, daß jeder

Besuch ihm etwas mitbringt. Wir vergessen das Danken, wo wir alles selbstverständlich finden: Freude, Arbeit, Abwechslung und Erlebnisse. Zu vieles verbuchen wir als unser eigenes Werk. Sind die Voraussetzungen, die Kräfte, die das alles ermöglichen, auch unser eigenes Werk?

Für den Glaubenden gibt es kein völliges Umsonst. Natürlich kennt er die Enttäuschung, das Scheitern seiner Bemühungen. Der Prophet im Alten Testament – Jesaja – stöhnt: „Ich habe mich vergeblich bemüht, habe meine Kraft umsonst und nutzlos vertan" (Jes 49, 4). Aber er weiß zugleich, daß sein Leben als Ganzes zum Ziel kommt. Wenn überhaupt ein Menschenleben, dann war doch das des Jesus von Nazaret nach unserem Ermessen umsonst, vergebens. Aber gerade in diesem Leben und vor allem in diesem Scheitern wird deutlich, daß Gott uns ein Zeichen gibt: dieses Umsonst geschieht, damit auf die Dauer kein Umsonst mehr ganz umsonst ist. Nicht einmal mehr der Tod. Ganz im Gegenteil übrigens zu dem Sprichwort: Umsonst ist nur der Tod. In jedem Umsonst steckt etwas Positives, und wäre es nur, daß wir darauf gestoßen werden, auch das Geringste nicht selbstverständlich zu nehmen.

Mit Gott über die Mauer

Öfters bekomme ich Briefe, in denen der Verdacht geäußert wird, der Glaube entfremde den Menschen sich selbst und seinen Aufgaben. Der Glaube spreche von Bescheidenheit, von Opfern, von Verzicht, von Erdulden und Ertragen. Dadurch komme die Selbstverwirklichung des Menschen, die Entwicklung der ihm gegebenen Fähigkeiten zu kurz.

Wie verzerrt hier der christliche Glaube gesehen wird, wurde mir deutlich an einem Satz des Psalmes 18. Da heißt es: „Mit dir erstürme ich Wälle, mit meinem Gott überspringe ich Mauern." Da ist nicht von Resignation oder von Hände-in-den-Schoß-Legen die Rede. Da kommt zwar zum Ausdruck, daß es Dinge gibt, die mir zu hoch sind, die ich allein nicht bewältigen kann. Wer wollte leugnen, daß es Mauern und Wälle gibt, die mir Grenzen setzen: meine begrenzte Begabung, meine begrenzte körperliche Kraft. Ich wache auf und erkenne um mich eine Mauer mieser Laune und Stimmung. Und ich renne an gegen Mauern des Nichtverstehens. Ich reibe mich an Mauern beruflicher oder familiärer Einengung.

Es ist nur realistisch, davor die Augen nicht zu verschließen. Die Mauern zu erkennen bedeutet noch lange nicht Resignation oder einfaches Hinnehmen. Es heißt: „Mit meinem Gott überspringe ich Mauern." Damit ist zwar nicht gemeint, daß der Glaube alle Wege ebnet, Hindernisse beiseite räumt. Im Gegenteil: im Glauben sehe ich sehr wohl die Grenzen und Begrenzungen meines Lebens. Ich suche zu verändern, was veränderbar ist. Aber ich nehme mich mitsamt meinen Grenzen an, wo eine Veränderung außerhalb des mir Möglichen liegt. Und dieses Bewußtsein bewahrt mich davor, mich immer wieder an diesen Grenzen wund zu stoßen. Denn ich hoffe im Glauben, daß Gott hinter dieser Mauer einen Weg für mich hat, den ich nur wegen der Mauer nicht sehen kann.

Und dann wird ein anderes Wort in der Bibel wahr: „Die dem Herrn vertrauen, bekommen Flügel wie Adler" (Jes 40,31). Ihnen wachsen also Kräfte zu, die zwar nicht die Mauer niederreißen, die aber helfen, andere Fähigkeiten und Möglichkeiten zu entdecken und so Mauern zu überwinden.

Vielleicht klingt das alles nach schöner Theorie. Ich will Beispiele nennen: Ich kenne Menschen, die ans Bett gefesselt sind und dennoch durch Briefe und Artikel weit über den engen Horizont ihres Krankenzimmers hinauswirken. Jeder von uns kennt schwerbehinderte Menschen, die in keiner Weise verbittert sind, sondern andere Fähigkeiten so stark entwickelt haben, daß sie anderen darin voraus sind. In der Nähe solcher Menschen fühlt jeder sich beschenkt. Andere finden im Glauben die Kraft, ihr Leben, das so ganz anders verlief, als sie es sich erhofft hatten, zu ertragen und sich im Einsatz für andere zu verwirklichen.

Jeder von uns stößt auch heute auf Mauern: Behinderung durch Krankheit oder Einengung durch Bindung an Menschen und Aufgaben; muß ich das alles nur hinnehmen? Nur dulden und ertragen? *Nur dulden, nur* ertragen, das ist keine christliche Lösung, das wäre Fatalismus. Aber wenn etwas wirklich nicht zu ändern ist, dann sieht der Glaube auch in dem, was zunächst sinnlos erscheint, noch einen Anruf, neue Wege zu suchen. Damit kann freilich verbunden sein, daß ich Liebgewordenes zurücklassen muß. Hier sind unter Umständen Opfer und Verzicht sinnvoll und nötig. Also gerade nicht Hände in den Schoß legen oder sich nur ducken, vielmehr über die Mauer eigener und fremder Enge springen, alle Kräfte mobilisieren. Glaube ist ständiger Aufbruch. Mit meinem Gott springe ich über die Mauer. Wenn mir das gelingt, dann finde ich jenseits dieser Mauer die Verwirklichung meines Lebens.

Wachet und betet allezeit

Lukas 21, 36

Wer nicht einschlafen kann, soll sich – so lauten Ratschläge – ein gleichmäßig wogendes Ährenfeld vorstellen; oder Meereswogen, die gleichbleibend im Sand auslaufen; oder er soll ruhig atmen und auf das Aus- und Einatmen achten. Jedesmal geht es um Konzentration auf eine gleichbleibende Bewegung und damit um ein Zur-Ruhe-Kommen der unruhig umherschweifenden Gedanken. Eine ständig gleiche Bewegung oder ein gleichbleibendes Geräusch können unter Umständen mehr zur Ruhe führen als die absolute Stille. Denken wir nur an die einschläfernde Wirkung eines plätschernden Baches. Manche Menschen können sich im Gehen besonders gut konzentrieren; darum beten Priester gelegentlich ihr Brevier im Gehen.

Ein Steg über sumpfiges Gelände, rechts und links unzählige Riedgrashalme, die alle zusammen einen gleichmäßigen Teppich bilden. Und ein Geländer, das in immer die gleiche Richtung weist, das die Schritte und vielleicht auch die Gedanken lenkt und einschränkt: auf ein Ziel hin, das nur geahnt ist.

„Betet allezeit" (Lk 21, 36). Wie wäre das möglich, wenn nicht das ganze Leben darin vorkäme: Weg und Gras, Sonne und Wolken, Menschen und Dinge, Arbeit und Freizeit … Aber das Vielerlei ordnet sich auf eine Mitte hin, auf ein Ziel hin, auf ein Du hin. So kommt in die Bewegung Ruhe wie bei einem Rad, dessen Mitte, die Achse, unbewegt bleibt, während das Rad selbst sich ständig dreht und unterwegs ist. So kann ich aus mir heraustreten und doch bei mir bleiben, unterwegs sein und mich doch nicht verlieren; ich kann auf ein Ziel gerichtet sein, und dennoch brauche ich nichts und niemand neben mir zu übersehen. „Betet allezeit", das heißt das Verwirrende und Vielfältige zur Einfachheit, zur Einfältigkeit – letztlich zu Gott – bringen.

Wenn ich sitze, dann sitze ich

Ein in östlicher Meditation erfahrener Mönch wurde einmal gefragt, warum er trotz seiner vielen Beschäftigungen immer so gesammelt sein könne. Er sagte: Wenn ich stehe, dann stehe ich; wenn ich gehe, dann gehe ich; wenn ich sitze, dann sitze ich; wenn ich esse, dann esse ich; wenn ich spreche, dann spreche ich ... Die Fragesteller fielen ihm ins Wort und sagten: Das tun wir doch auch, aber was machst du darüber hinaus? Er gab wieder die gleiche Antwort: Wenn ich stehe, dann stehe ich ... usw. Und wieder sagten die Leute: Das tun wir doch auch. Er aber sagte zu ihnen: Nein, wenn ihr sitzt, dann steht ihr schon; wenn ihr steht, dann lauft ihr schon; wenn ihr lauft, dann seid ihr schon am Ziel.

Vielleicht ist das das Wesen der Hetze: während ich das eine tue, bin ich schon beim zweiten. Während ich am Morgen Kaffee trinke, höre ich vielleicht zugleich Musik, lese die Zeitung oder bin schon in Gedanken im Büro. Oder wenn ich mit jemand spreche, sind meine Gedanken bereits bei einer anderen Tätigkeit. Ich bin gar nicht wirklich anwesend, bin „zerstreut", wie man so sagt. So kommt nicht wirkliche Begegnung zustande. Um einem anderen zu begegnen, muß man erst da sein; man muß bei sich sein, man muß gesammelt sein, um bei dem anderen sein zu können. Das gilt übrigens erst recht vom Gespräch mit Gott. Aber wer von uns könnte von sich sagen: Wenn ich bete, dann bete ich ...

Ich habe kürzlich einen Kurs über Beratungsgespräche mitgemacht. Einer der „Trainer" sagte, wenn ein Besucher zum erstenmal zu einem Gespräch komme, lasse er ihn nach der Begrüßung zunächst einige Minuten warten. Nicht aus Unhöflichkeit, sondern um sich zu überlegen: Welchen Eindruck hast du von ihm, welche Gefühle ihm gegenüber? Damit wolle er sich über den anderen und über sich selbst klarwerden, sich ganz auf den Besucher einstellen, eine positive Einstellung zu ihm gewinnen. Dann erst könne er voll für ihn da sein.

Vielleicht ist auch das mitgemeint, wenn die Bibel davon spricht, daß jemand sich für etwas „hingibt", drangibt. Wer etwas mit Hingabe tut, der ist ganz bei dem, was er tut. Positiv wird dieses Wort der Heiligen Schrift fast nur von Jesus gebraucht, der sich für den Menschen hingibt, d. h. sich voll und ganz für ihn einsetzt bis zur Hingabe des Lebens. Von ihm gilt: Ich bin so für jeden einzelnen da, als ob ich nur für diesen da zu sein hätte. Von ihm galt: Wenn er betete, dann betete er; wenn er liebte, dann liebte er wirklich.

Ich würde es schon als einen Gewinn ansehen, wenn ich heute sagen könnte: Wenn ich esse, dann esse ich; wenn ich höre, dann höre ich; wenn ich bete, dann bete ich.

Sammlung – Besinnung

Wir leben ungesund. Wir wissen heute, daß Lärm, der eine gewisse Phonzahl überschreitet, nicht nur das Gehör ruinieren kann, sondern die Gesundheit schädigt. Die ständige Lärm- und Reizüberflutung macht nervös und oberflächlich. Hetze als Lebensgewohnheit – man spricht heute mehr von Streß – verschleißt unsere Lebenskraft vorzeitig, führt zum Herzinfarkt. Unsere Gesellschaft übt einen ständigen Leistungsdruck aus. Es kann so weit mit uns kommen, daß unerwartete Minuten der Ruhe uns beunruhigen, ja als Strapaze empfunden werden. Etwa, wenn einmal kein Fernsehgerät zur Verfügung steht. Es gibt Menschen, bei denen Stille nicht Entspannung, sondern das Gegenteil hervorruft: Gereiztheit und üble Laune. Wenn es soweit ist, ist das ein Alarmzeichen.

Wir sind zum Glück nun so weit, daß wir das spüren und als ungesund empfinden. Der Ruf nach Entspannung und Erholung, nach Stille und Einsamkeit wird immer lauter und dringender. Diese Stille, die wir brauchen, um menschlich leben zu können, ist aber nicht durch Lärmbekämpfung zu erreichen. Und dieses Ausruhen ist mehr als Arbeitspause. Verkürzte Arbeitszeit und verlängertes Wochenende haben dem Menschen diese Ruhe nicht gebracht. Wir leben lauter und unruhiger als die Menschen jener Zeiten, in denen es keinen Feierabend gab. Die Stille, das Ausruhen ist vielmehr eine Sache der Innerlichkeit. Die Seele muß „nachkommen". Muß wieder zu sich selbst kommen, sich sammeln, bei sich einkehren. Das geht nicht ohne Innehalten; nicht ohne eine moderne Form des Fastens: nämlich des Verzichtens gegenüber der Unrast und der Reizüberflutung, der wir uns manchmal nur zu gerne hingeben.

Wir ahnen, daß das schon im rein Menschlichen für uns ein Gewinn wäre. Jeder hat es schon einmal erfahren, wie er nach einer Besinnung auf sich selbst ganz anders zu den Menschen seiner Umgebung zurückgekehrt ist: ausgeglichener, froher; wie da vieles, was ihn sonst in Erregung bringen konnte, von ihm abfiel und belanglos wurde. Wie dann aber das Eigentliche, das Wesentliche in den Blick rückte und er auf einmal nicht mehr an sich selbst denken konnte, ohne zugleich an Gott zu denken. Wenn ich nämlich zu mir selbst finde, finde ich zugleich auch zu Gott. Und wenn ich zu Gott finde, finde ich auch zu mir selbst.

Nicht von ungefähr interessiert man sich heute für östliche Meditation, für autogenes Training als Hilfe zur Entspannung. Die Anziehungskraft, die davon ausgeht, liegt darin, daß man einen unmittelbaren Gewinn für sich selbst dadurch erfährt. Wir können zweifellos von alldem viel lernen.

Früher gab es noch ein anderes Mittel: das Gebet in der Weise der religiösen Meditation. In den letzten Jahrzehnten sah man das als verlorene Zeit an. Nur die Aktivität galt noch. Wir mußten wohl erst erfahren, daß wir uns selbst ruinieren, wenn wir so weitermachen, bis wir das Gebet auch als menschlich heilende Kraft wieder entdecken. Wir brauchen durchaus nicht bis nach Indien zu gehen, um Sammlung und Besinnung zu lernen.

Atmen der Seele

Manche Ärzte legen großen Wert auf die richtige Atmung. Das kleine Kind atmet richtig, der Erwachsene gewöhnt sich oft eine falsche Atemtechnik an. Falsche Atmung aber kann die Mitursache mancher körperlichen und seelischen Störungen sein.

Die meiste Zeit atmen wir unbewußt. Ohne daran zu denken, vollziehen wir etwas, ohne das wir nicht leben könnten. Setzt die Atmung – etwa bei der Geburt eines Kindes – für kurze Zeit aus, können bereits Gehirnzellen abgestorben sein. Das hat dann verheerende Folgen für die ganze Entwicklung eines Menschen. Der Atem hat aber nicht nur mit unserem physischen Leben zu tun. Er ist eine Art Umschlagplatz zwischen Körper und Geist. Es besteht ein Zusammenhang zwischen seelischem Zustand und dem Atmen. Bei Schreck oder Erregung atmen wir hastig ein. Wir sagen: „Es verschlägt uns den Atem." Ist aber eine Sorge oder Spannung von uns genommen, so atmen wir erlöst auf. Bei einer Erwartung halten wir den Atem an. Wird eine erschütternde Nachricht bekanntgegeben, dann herrscht atemlose Stille.

Die Wechselwirkung besteht aber auch umgekehrt. Nicht nur seelische Vorgänge beeinflussen den Atem, der Atem kann auch auf seelische Vorgänge einwirken. Das bewußte ruhige Atmen kann Entspannung herbeiführen. Wenn wir nervös und gereizt sind, kann die Konzentration auf ein richtiges Atmen Wunder wirken. Jeder kann das ausprobieren. Nicht umsonst beginnen darum alle Versuche, die zu innerer Ruhe führen wollen, mit Atemübungen.

Mir geht es hier nicht um die richtige Atemtechnik, aber ich habe einmal gelesen, Beten sei das Atmen der Seele, des Geistes. Das will sagen: Auch seelisch muß der Mensch immer wieder das in sich hineinholen, wovon er lebt. Ohne Gebet, ohne Atem der Seele verkümmert und stirbt etwas in uns. Innere Leere, Unruhe und Angst können daher rühren, daß wir nicht richtig oder gar nicht atmen – wollte sagen beten. Das muß übrigens gar nicht immer voll bewußt geschehen. Auch der Atem ist ja meistens nicht bewußt. Wahrscheinlich beten wir unbewußt viel mehr, als wir denken.

Daß wir mehr Besinnung brauchen, wenn wir nicht als Menschen verkümmern wollen, wird heute durchweg bejaht. Als Ausgleich versuchen viele Menschen die Meditation. Es sollen 300 000 in der Bundesrepublik sein. Meditation kann eine sehr intensive Form des Gebetes sein.

Aber Gebet ist mehr als Besinnung. Es ist gewiß auch Besinnung und auch ein Zur-Ruhe-Kommen. Ich habe jedenfalls noch nie gehört, daß Gebet jemand Aufregung oder Angst gebracht hätte oder Lebensunlust und Freudlosigkeit. Das Gegenteil habe ich aber schon oft erfahren können, selbst bei Menschen, die in großer Not und Verzweiflung sind.

Und Gebet ist auch mehr als Entspannung. Es ist Ausrichtung des Menschen auf Gott hin. Ohne den wir uns als Geschöpfe nicht einmal recht verstehen können. Mit dem wir aber immer auf-atmen können. Denn „in ihm leben wir, bewegen wir uns und sind wir" (Apg 17, 28).

Keine Frage, das Gebet ist in eine Krise geraten, es wird manchem zur Last. Aber ist nicht vielen auch ihr ganzes Leben zur Last geworden? Ob da nicht tiefe Zusammenhänge bestehen? Zwischen Leben und Beten (Atmen)?

Voraus-Meditation

Meist geht einem dann etwas schief, wenn man nicht damit rechnet. Man soll plötzlich auf eine Frage eine Antwort geben. Fünf Minuten später weiß man, was man eigentlich hätte sagen sollen. Oder man begegnet überraschend einer Situation, einem Menschen, vielleicht einem unsympathischen. Reaktion: Reserve oder Gereiztheit. Alles wäre anders verlaufen, wenn man sich früher auf die Situation hätte einstellen können. Schon eine Begrüßung ist anders, wenn man jemand erwartet.

Auf vieles kann ich mich einstellen. Ich kann zum Teil voraussehen, mit welchen Menschen ich es heute zu tun habe, welche Arbeiten es geben wird, welchen Ärger. Machen Sie einmal den Versuch und bedenken Sie, meditieren Sie im voraus die Menschen, die Ihnen begegnen werden: den Gatten, die Kinder, den Kunden, den Patienten, den Vorgesetzten, den einzelnen Schüler der Klasse, den Menschen, den Sie als Nervensäge bezeichnen ... Stellen Sie sich die Situationen vor, in denen Sie mit ihnen zusammentreffen. Warum ist dieser und jener so? Was mag in ihm vorgehen? Was erwartet er von mir? Was ist gut für ihn? Was braucht er jetzt und hier?

Unvorbereitet und ohne derartige Reflexion begegnen wir den Menschen spontan. Spontan aber sind wir uns selbst die Nächsten. Wir bleiben gefangen in uns selbst. Wir reagieren dann ängstlich und sind besorgt um unser Ansehen; meinen, uns behaupten und wehren zu müssen. Dabei übersehen wir, daß auch der andere vielleicht nur deshalb aggressiv ist, weil er genauso ängstlich sich behaupten will wie wir. Oder wir sind gleichgültig, sehen nur die Oberfläche im Verhalten des anderen und stoßen uns daran. Und schon ein kleiner Blick würde genügen, die Unsicherheit, vielleicht sogar den Hilferuf hinter einer rauhen Schale zu erkennen. Aber das gelingt eben nicht im Vorbeigehen, darauf muß ich mich einstellen. Sonst ist der andere vorüber, ehe ich ihn wahrgenommen habe.

Ich garantiere: Wir alle begegnen einander anders, wenn wir uns geistig auf diese Begegnung eingestellt haben, wenn wir versuchen, uns in den anderen hineinzudenken. Das wäre auch eine gute Art Morgen- oder Abendgebet. Eins, das nicht als Pflichtübung absolviert wird. Notfalls könnte man das auch auf dem Weg zur Arbeit vollziehen, um so zu sich selbst und zum anderen zu finden. Die Zeit, die dafür aufgewandt wird, ist bestimmt nicht verloren, weil alles Tun dadurch intensiver wird. Und wenn ein ganzer Tag zu groß ist, um auf einmal überdacht zu werden, dann könnte ich mich zwischendurch immer wieder neu auf das nächste – auf den Nächsten – einstellen. Es werden an diesem Tag viele Türen aufgehen, und es werden Menschen zu mir kommen, und ich komme zu ihnen. Ich begegne ihnen anders, wenn ich sie vorher bereits in meinem Inneren wahrgenommen und angenommen habe.

Gebet aus dem Augenblick

Zum Gebet – sagten wir – braucht es die Sammlung. Aber wie ist es, wenn ich mich nun trotz aller Bemühungen nicht konzentrieren kann? Wenn meine Gedanken immer wieder abschweifen, weil ich mit irgendeiner Sache so beschäftigt bin, daß sie mir mit aller Gewalt nicht aus dem Kopf geht? Ein Ärger, eine Freude, eine Begegnung, eine Angst. Viele Menschen klagen, daß sie einfach nicht abschalten können. Und das wäre in einem solchen Fall auch ein Krampf. Ein Krampf aber ist nie der rechte Ausgangspunkt für ein Gebet. Was also ist dann zu tun?

In diesem Fall sind unsere Gedanken eigentlich schon gesammelt, konzentriert. Aber scheinbar nicht auf etwas hin, das mit Gebet oder mit Gott zu tun hat, das vielmehr beides auszuschließen scheint. Aber es scheint nur so. Denn ich könnte diese Konzentration auf einen scheinbar rein irdischen Gegenstand mir zunutze machen. Wenn ich mich schon nicht davon freimachen kann, dann knüpfe ich eben daran mein Gebet an. Ich gehe aus von diesem Ärger, dieser Freude, die mich zutiefst aufwühlt, und stelle das alles vor Gott hin, bespreche es mit ihm: „Sieh, das bewegt mich, alles bewegt mich mehr als du; manchmal kommst du bei mir ganz am Rande ..." Und damit bin ich schon mitten im Gebet drin. Und ohne Krampf. Es hat sich auf diese Weise ganz natürlich ergeben, und darum gelingt es auch.

Und da gibt es schlechterdings nichts, aber auch gar nichts, woran man nicht anknüpfen könnte. Die nebensächlichsten Dinge können Weg zu Gott werden: eine Zeitung, ein Erlebnis, ein Geldschein, ein Ring, eine Mauer, eine Wiese ... Für Christus wurde alles, was er sah, zu einem Gleichnis, das ihn auf Gott hinwies. So kann für uns alles ein Anruf Gottes werden.

Viele Menschen begehen beim Gebet einen wesentlichen Fehler: sie meinen, sie selbst müßten ständig reden. Ein Gespräch ist aber Reden und Hören. Und beim Gebet hat nicht der Mensch das erste Wort, um dann vielleicht hinzulauschen, ob Gott irgendwie antwortet. Dann hört er sehr wahrscheinlich nur das Echo seines eigenen Herzens. Beim Gebet hat Gott, der Herr, das erste Wort. Und mein Gebet ist nur die Antwort auf das, was Gott mir sagt: in einer Begegnung, in einem Menschen, in einem Ereignis, in der Freude, in dem Ärger ... Ein solches Gebet kann nie langweilig werden, weil es immer aktuell ist.

In einem Gebet von Jörg Zink heißt es: „Herr, ich möchte schweigen, damit ich unter den vielen Stimmen die Deine erkenne." Dieses Gebet geht davon aus, daß Gott nicht nur im Wort der Bibel zu uns spricht, sondern in allem, was geschieht und was an mein Auge und mein Ohr dringt; und was mich innerlich beschäftigt. Wenn uns all das nicht an-spricht, dann liegt das nicht an Gott, sondern an unserem Hören.

Spielen Sie Skat?

Spielen Sie Skat? Nein? Nun, das ist auch nicht lebensnotwendig. Aber gewiß kennen Sie die Skatkarten: Herz, Kreuz usw. Ich will Ihnen wahrhaftig keinen Skatunterricht geben. Aber es gibt überhaupt nichts auf der Welt, von dem man nicht den Übergang zum Gebet finden könnte. Also auch vom Kartenspiel her.

Der Tag liegt vor oder hinter uns. Wenn auch nicht 32 Karten, sondern nur 24, die in den einzelnen Stunden – vielleicht noch unbekannt – auf uns warten. Man kann die Partie annehmen, man kann auch passen. (Und wie viele passen jeden Tag endgültig und für immer?!) Es ist gut, am Morgen mit voller Bereitschaft das Spiel aufzugreifen und auch die Blinden – das Unbekannte darin – bereit anzunehmen. Die Karten – wollte sagen: die Stunden – werden uns dann selbst sagen, welche Partie zu spielen ist.

Kreuz? Das ist die schwerste Partie, das Kreuz aufzugreifen; aber es zählt auch besonders hoch! Man sollte nicht grundsätzlich jedes Kreuz drücken.

Sie wissen nicht, was beim Skat „drücken" heißt? Es heißt ablegen, was man nicht brauchen kann.

Daß man Herz im Tagesablauf nicht entbehren kann, ist klar. Wie oft aber handele ich so, daß andere das als herzlos empfinden?

Pik – sagen wir besser „Schippen" – mag als Symbol der Arbeit gelten; auch das kann man drücken. Jedem Schweren aus dem Weg gehen!

Und Karo, sagen wir „Ecken", bedeutet vielleicht, daß sich manche Menschen wieder heute an mir stoßen werden. Muß das aber sein? Wenn ich gleich mit der rechten Absicht, der guten Meinung an den Tag herangehe?

Meinen Sie nicht auch, daß man das, was wir hier überlegt haben, ebenso mit Gott im Gebet besprechen könnte? Und am Abend würden wir dann das Ergebnis sehen und vor Ihn hintragen: wie wir gespielt haben, ob wir heute gewonnen oder verloren haben – selbstverständlich nicht in geschäftlicher Hinsicht. Vielleicht merken wir dann erst, daß wir heute nur recht wertlose Karten in der Hand hatten, wissen Sie, Karten, die nicht zählen, wenigstens vor Gott nicht. Das kommt vor. Man kann auch daraus etwas machen und die Partie noch gewinnen. Es liegt am Spieler! Nicht an dem, der mischt. Der Skatspieler würde in diesem Fall einen Null-ouvert spielen. Mit offenen Karten spielen. Tun wir es doch vor Gott auch! „Da schau her, Herr! Alles wertloses Zeug, was ich dir heute zu bringen habe. Nichts daran, was du verwerten kannst, was vor dir gilt." So werden leere Hände zum Gewinn. Es ist immer gut, vor Gott mit offenen Karten zu spielen. Es ist schon mancher Null-ouvert gewonnen worden!

Wer die Wahrheit tut, kommt ans Licht

Stufen.
Steile Stufen, mühsame Stufen,
alte Stufen.
Dann ein dunkles Tor, fast ein Verlies
und dahinter
strahlende Helle, gleißendes Licht,
Wärme und Sonne.
Wer dort hinwill, muß hinauf,
muß heraustreten aus dem Schatten,
aus der Enge des eigenen Ich.

Die Bibel sagt:
„Wer die Wahrheit sucht, kommt ans Licht."
Um ans Licht zu kommen, muß man etwas tun:
aus sich heraustreten,
sich aussetzen.
Ein Weg: die Wahrheit tun.
Wahrheit erhellt nicht nur den Verstand,
sondern den ganzen Menschen,
weil sie dem Licht verwandt ist.
Weil sie mit Gott verwandt ist.
Zur Wahrheit über mich selbst gehört
Gott.

Im Verlieren gewinnen

Es gibt Menschen, die schlecht verlieren können. Beim Spiel oder auch sonst. Immer haben sie eine Entschuldigung parat: Der Schiedsrichter war parteiisch; oder: Die Karten waren schlecht gemischt; Heute habe ich eben Pech; oder gar: Andere haben unfair gespielt ... Wer so reagiert, verliert nicht nur das Spiel, sondern auch die Sympathien. Ich kann im Verlieren noch Gewinner sein, wenn ich zu meiner Niederlage stehe.

Psychologen nennen einen Menschen Gewinner, der sich selbst erkennt und der versucht, er selbst zu sein. Nicht die Leistung weist den Gewinner aus, sondern die innere Wahrhaftigkeit. Wer seine einmaligen Fähigkeiten und Anlagen verwirklicht, dabei zugleich die der anderen respektiert, ist ein Gewinner. Er hat es nicht nötig, sich hinter einer Maske zu verstecken, die ihn größer und besser erscheinen läßt. Ein Gewinner kann verlieren, ohne unsicher zu werden. Er freut sich sogar über den Erfolg anderer.

Ein Verlierer wäre demnach ein Mensch, der nicht wahrhaftig zu reagieren vermag. Oder wer sich selbst auf Kosten anderer zu verwirklichen sucht. Oder wer immer nach dem anderen schielt und sich ins bessere Licht zu setzen sucht. Ein Verlierer meint immer, gewinnen zu müssen. Deshalb, weil er sich selbst nicht annimmt und bejaht, sucht er dauernd Bestätigung und Bejahung durch andere. Und hat vielleicht sogar Erfolg dabei; aber bei allem Erfolg ist er ängstlich und mißtrauisch, ein anderer könnte ihm den Erfolg streitig machen. Weil er unsicher ist, ist er nie er selbst; es sind immer die anderen, die seinen Mißerfolg herbeiführen. Er schielt ständig nach Vergangenheit und Zukunft, weil er die eigene Gegenwart nicht annimmt: „Wenn ich doch nur still geschwiegen hätte ... Wenn ich doch nur bessere Verbindungen hätte ..." Oder: „Was wird, wenn ich krank werde ... Was wird, wenn schlechtes Wetter wird ..."? Es gibt natürlich keine hundertprozentigen Gewinner oder Verlierer. Jeder von uns hat etwas von beiden. Aber jeder hat auch die Möglichkeit, etwas dazuzutun, daß er Gewinner wird.

Mir ist beim Lesen eines Buches, das aus psychologischer Sicht den Gewinner und Verlierer behandelt, aufgegangen, was die Bibel meint, wenn sie sagt: „Das, was mir ein Gewinn war, habe ich als Verlust erkannt" (Phil 3,7). Und: „Wer das Leben gewinnen will, wird es verlieren" (Mt 10,37).

Ein solches Bibelwort ist in Gefahr, als Lebensverneinung mißverstanden zu werden. Aber nun kommen Überlegungen im rein menschlichen Bereich zum gleichen Ergebnis: Gewinn kann mich arm machen, wenn er auf Kosten anderer errungen wird; wenn ich dadurch überheblich werde und Freunde verliere. Und umgekehrt: sich loslassen, verlieren kann, wer sich nicht unter- und nicht überschätzt, sondern so sieht, wie er wirklich ist. Wer nicht ständig darauf bedacht ist, Prestige zu gewinnen, kann sogar zugeben, daß er sich als Verlierer erfährt: in seiner Schuld, in seinem Versagen.

Ob dieser Tag gewonnen oder verloren wird, hängt zum geringeren Teil von den äußeren Umständen ab. Was auf den ersten Blick als Gewinn erscheint, kann Verlust bedeuten: Verlust an Lebensqualität, Selbstbewußtsein, an Wahrhaftigkeit. Und im Verlust, im Verlieren kann ich gewinnen: Selbstachtung und die Achtung anderer. Vielleicht sollte ich mir gar nicht wünschen, an diesem Tag nur zu gewinnen.

Jeder Mensch ein Lügner?

Nichts nehmen wir einem anderen so übel wie eine Lüge. Für alles andere finden wir unter Umständen Entschuldigungen: das ist nicht so schlimm; das ist das Milieu, die Erziehung, psychische Veranlagung usw. Aber die Lüge gilt als etwas besonders Häßliches und die menschlichen Beziehungen Störendes – wenn wir einmal absehen von der sogenannten Notlüge, die wir gern entschuldigen. Eltern sind geneigt, Kindern manches durchgehen zu lassen. Aber wenn sie auf eine Lüge stoßen, sind sie erschrocken.

Jugendliche andererseits sind heute oft der Überzeugung, wahrhaftiger zu sein als die Generation vor ihnen. Ihnen scheint die ganze Art, wie die Älteren leben, verlogen und widerlich. Diese formalen Höflichkeiten, die man austauscht, auch wenn man sich in Wirklichkeit nicht ausstehen kann; die bürgerlichen Konventionen und Tabus, an die man sich zu halten hat, nur weil es immer so war; die verlogene Moral, die sich öffentlich entrüstet über das, was man heimlich selbst tut oder gern täte; das Schweigen gegenüber Unrecht, nur um selbst keine Unannehmlichkeiten zu haben – bis hin zum sonntäglichen Kirchgang, nur um nicht unangenehm aufzufallen. Das alles empfinden sie als Lüge.

In vielem muß ich ihnen recht geben. Ich überlege mir manchmal: Was tue ich nur deshalb, weil alle es tun? Oder unterlasse es deshalb, weil ich gesehen werde? Oder weil ich genau weiß, daß andere darüber anders denken? Eine brisante Gewissenserforschung!

Wie aber verhalten sich nun diese Jugendlichen selbst? Soweit sie sich nicht anpassen, um – wie sie selbst sagen – ihre Ruhe zu haben, brechen sie aus allen Konventionen aus, um ihr eigenes, wahrhaftiges Leben zu versuchen. Viele aber, die sich so Freiheit und Selbstbestimmung versprachen, geraten in weit größere Abhängigkeit. Sie wollen frei sein von Gesetzen, Zwängen, Bevormundungen, sie sind aber selbst beherrscht von den Zwängen des Habenwollens, des Geltenwollens und des Herrschenwollens. Viele Jugendliche glauben, die Verlogenheit der Alten schonungslos zu entlarven, machen sich aber über sich selbst etwas vor. Sie versprechen sich Freiheit, aber sie uniformieren sich in Kleidung und Sprache, passen sich in Konsum und Denkweise an das an, was schick oder „in" ist. Damit tun sie selbst wieder das, was sie mit Worten bekämpfen. Und sie werden damit selbst wieder unfrei und unwahrhaftig.

Die Bibel, die die Dinge beim Namen nennt, sagt (Röm 3,4): „Gott ist wahrhaft, jeder Mensch aber ein Lügner." Das ist keine Menschenverachtung, sondern Realismus. Wir spielen uns selbst und anderen oft Theater vor. Wir alle tragen Masken. Wir wollen vor uns selbst und vor anderen besser oder anders dastehen, als wir sind. Wir passen uns an oder schweigen, wenn es unser Vorteil ist, wenn es um unser Prestige oder unsere Bequemlichkeit geht. Wir lächeln nach außen und knirschen innerlich mit den Zähnen. Während wir die Lüge in Worten verabscheuen, wird sie uns zur Lebensgewohnheit.

Schon das oberflächliche Dahinleben, das Ausweichen gegenüber den Fragen nach Sinn und Ziel des Lebens, kann Furcht vor der Wahrheit bedeuten. Vielleicht müßte mein Leben ganz anders verlaufen, wenn ich mir über mich selbst klargeworden bin. Wer aber möchte das riskieren? Keine Wahrheit aber ist so schwer zu ertragen wie die über sich selbst.

Die „guten Noten"

In einer englischen Zeitung soll ein Junge folgendes Inserat aufgegeben haben: „Suche dringend einen Schüler des Jahrgangs soundso der Schule X, der mit meinem Vater zusammen in der Klasse war. Vater behauptet, immer nur gute Noten geschrieben zu haben ..." So der Text der Anzeige.

Oft höre ich von jungen Menschen: „Meinen Eltern kann ich die Wahrheit nicht sagen, obwohl sie immer betonen: ‚Uns kannst du alles sagen'. Aber ich kann es nicht." Als Begründung wird meist angeführt: „Sie verstehen mich nicht"; „sie poltern gleich los"; „sie haben keine Zeit für mich"; „sie haben selbst so viel Sorgen mit dem Geschäft". Oder: „Die Mutter ist leidend"; „sie meinen, es müsse alles genauso sein wie vor vierzig Jahren ..."

Ich bin überzeugt: in vielen Fällen haben Söhne und Töchter erst gar nicht den Versuch unternommen, mit den Eltern ins Gespräch zu kommen. Denn viele Eltern reagieren, wenn sie eine unangenehme Wahrheit erfahren, viel ruhiger und sachlicher als erwartet. Das Vertrauen, das im Aussprechen der Wahrheit zum Ausdruck kommt, weckt auf der anderen Seite oft Verständnis und Dankbarkeit.

Warum aber meinen dann viele Jugendliche, sie könnten ihren Eltern nicht die Wahrheit sagen? Sehen wir einmal ab von den Eltern, die durch harte Reaktionen tatsächlich jeden Mut zur Wahrheit bei ihren Kindern lähmen. – Viele Erwachsene sind nicht bereit, ihrerseits Jüngeren gegenüber irgendwelche Fehler zuzugeben. Sie haben immer recht. Sie waren immer gehorsame Söhne und Töchter. Sie hatten immer nur gute Noten.

Mag sein, daß im Durcheinander der Gegenwart die Eltern die Zeit vor dreißig Jahren in glänzendem Licht sehen. Und unangenehme Erinnerungen verdrängt jeder – bewußt oder unbewußt. Meist aber steht hinter der Absicht, vor den Kindern mit völlig reiner Weste dazustehen, ein pädagogischer Kurzschluß: die Furcht nämlich, jedes

Eingeständnis eines Fehlers untergrabe die Erziehung und fördere den Leichtsinn. Das Zugeben eines Fehlers, einer falschen Handlungsweise, und die Entschuldigung für eine Unbeherrschtheit haben aber noch nie Autorität untergraben. Im Gegenteil. Wenn das, was falsch war, auch falsch genannt wird, wenn Sackgassen, die man selbst ausprobiert hat, als solche ausgewiesen werden, hilft das anderen mehr als jeder erhobene Zeigefinger.

Im öffentlichen Bereich sind wir längst gewohnt, daß Fehler zugegeben werden. Auch von der Kirche wird das erwartet. Nichts untergräbt Vertrauen so sehr wie Vertuschungsmanöver oder unglaubhafte Dementis. Wenn irgendwo, dann gilt hier „Lügen haben kurze Beine".

Die Wahrheit aber befreit (vgl. Joh 8,32). Ist das Belastende erst einmal ausgesprochen – zwischen Eltern und Kindern – zwischen Ehegatten – zwischen Menschen, die zusammenarbeiten –, dann atmet jeder wieder freier. Mir fiel ein Wort des Apostels Paulus ein: „Ihr Väter, verbittert eure Kinder nicht, daß sie nicht mutlos werden" (Kol 3,21). In einem Pflichtenkatalog für die Familie weiß Paulus den Vätern nichts anderes einzuschärfen als dies: Entmutigt eure Kinder nicht! Besseres kann auch die moderne Pädagogik nicht sagen. Zur Wahrheit gehört Mut.

Gott weiß die Wahrheit

Stellen wir uns einmal vor, andere wüßten die volle Wahrheit über uns selbst. All das, was je an Gedanken und Wünschen uns beschäftigt hat, wäre bekannt. Was wir nur zu tun wagten, weil wir überzeugt waren, nicht gesehen zu werden, käme ans Licht.

Immer hat es den Versuch gegeben, anderen die letzte Wahrheit über sich selbst herauszupressen. Durch Einschmeicheln in dessen Vertrauen oder durch Folter; heute bisweilen durch Lügendetektor, Wahrheitsdrogen oder Abhöranlagen. Mit Recht empfinden wir das als einen unverantwortlichen Eingriff in die Personalität des Menschen. Noch der sogenannte Verbrecher hat ein Recht auf seinen Intimbereich, der nicht der Allgemeinheit gehört.

Von Gott sagen wir, daß er allwissend sei, daß er die Herzen kenne, um mit der Bibel zu sprechen. Und von Jesus heißt es: „Er weiß, was im Menschen ist" (Joh 2,25). Heißt das, daß er eine Art allerhöchster Polizeiinstanz oder so eine Art Lügendetektor ist? Müssen wir uns ihm gegenüber dann nicht ständig wie ausgezogen fühlen? Ist er unser ständiger Ankläger? Vielleicht ist das die geheime Ursache manchen Unglaubens; denn wer könnte das ertragen, ständig so in vollem Licht „gesehen" zu werden.

Menschlicher Blick stellt in der Tat bloß und kann verletzen. Gott aber sieht uns mit einem Blick der Bejahung. Er liebte uns, „als wir noch Sünder waren" (Röm 5,8). Er weiß, was im Menschen ist an Schwäche. Aber er sieht nicht nur Schuld, er sieht auch, was entschuldigt. Darum darf, nein, soll er die Wahrheit über mich wissen, weil ich auf seine Hilfe angewiesen bin.

Immer wieder wird der Verdacht ausgesprochen, daß der Glaube Schuldkomplexe hervorrufe. Das mag in einzelnen Fällen sogar stimmen. Dann nämlich, wenn es ein vermenschlichter Gott ist, dem ich mich gegenüber weiß. Gott aber, wie er uns in Christus deutlich geworden ist, ist anders. Er steht zu mir, nicht gegen mich. Er rechnet mir meine Fehler nicht vor, sondern befreit mich davon. Weil er mich annimmt, wie ich bin, kann auch ich mich annehmen.

Nun kann ich die Wahrheit über mich selbst ertragen, weil Er sie erträgt. Und das erst ermöglicht mir ein angstfreies Leben.

Es ist also gerade umgekehrt. Vor anderen werden wir uns häufig irgendwie verstellen: in unseren Worten, in unserem Gehabe etwas anderes darstellen, unser inneres Elend verbergen ... Vor Gott kann ich wirklich so sein, wie ich bin. Hier gilt, was Jesus sagt, daß die Wahrheit frei macht. Auch die Wahrheit über mich selbst. Ich muß nur bei diesem „Ich selbst" Gott mitdenken, ohne den ich nicht sein könnte; der ‚ja' zu mir sagt und gerade durch dieses Ja mein Leben als ein freies und sinnvolles ermöglicht.

Ein X für ein U

Joseph Goebbels, der Propagandaminister Hitlers, soll einmal gesagt haben: „Man muß so lügen, daß niemand glaubt daß man so lügen könne." Das heißt also: so dick auftragen und so steif und fest etwas behaupten, daß jeder annehmen muß, da muß doch etwas dran sein.

Ich gestehe, daß ich immer wieder reinfalle auf die Stories, die manche Bittsteller erfinden, um eine Unterstützung von mir zu erhalten. Einige nachprüfbare Tatsachen werden vorgewiesen, um Vertrauen zu wecken. Alles andere ist frei erfunden. Oft gut erfunden. Bei Geschichtsfälschungen, Spionagefällen, im politischen Geschäft, in Kriegen erleben wir ähnliches. Immer hat der andere angefangen, der andere den Waffenstillstand verletzt, der andere große Verluste erlitten, der andere die Massengräber gefüllt und Greueltaten verübt.

Dieses Lügen beginnt mit der Verdrehung von Worten. Manche Politiker, die ständig vom Frieden reden, wollen damit oft nur eine Nebelwand bilden, hinter der sie ungestört den Krieg vorbereiten können. – Manche, die heute Freiheit und Demokratie fordern, bejahen beides nur so lange, bis sie selbst auf diese Weise zur Macht gekommen sind. – Selbstbestimmung, Recht auf eigene Lebensentfaltung bedeuten häufig Einschränkung der Rechte anderer. – Liebe ist oft nur ein anderes Wort für Selbstsucht oder wird eingeengt auf Sexualität. – Selbst das Wort Gott kann mißbraucht werden, um eigene Ansprüche abzusichern oder eine letzte Verantwortlichkeit vorzutäuschen. Für was alles hat dieses Wort nicht schon herhalten müssen! Ich habe noch das Wort „Vorsehung" im Ohr, das vor vielen Jahren in Deutschland in den Reden Hitlers eine große Rolle spielte.

Alle diese verlogenen Worte kommen aus einem unwahrhaftigen Denken, und sie führen wieder zu einem verlogenen Tun. Da wird die Besetzung ganzer Landstriche zur Befreiung; Freiheitsberaubung wird zur „Schutzhaft"; die Besatzungsmacht wird zur Befreiungsarmee ...

Ich meine, in jedem von uns steckt etwas von dieser Unwahrhaftigkeit. Jeder möchte mehr scheinen, als er ist. Und manchmal erschrekken wir darüber, was alles an Gedanken und Wünschen im eigenen Inneren Platz hat. Mache ich mir nicht selbst manchmal ein X für ein U vor hinsichtlich meiner Motive und meines Tuns? Selbst wo einer sozial zu sein meint, geht es ihm oft mehr um sich selbst als um den anderen. Um Selbstbestätigung oder ein Alibi für andere Unterlassungen.

Besonders Christen nimmt man mit Recht übel, wenn sie innerlich unwahr sind, wenn also Glaube und Leben nicht übereinstimmen. Jesus Christus sagt von sich, daß er die Wahrheit sei (Joh 14,6). Er sagt also nicht nur die Wahrheit, er ist sie. An ihm kann man ablesen, was Wahrheit ist. Konsequenterweise kann Paulus sagen: „Ich sage in Christus die Wahrheit und lüge nicht" (Röm 9,1). Er will damit sagen, daß er sich nicht zutraut, die Wahrheit zu sagen, daß das über seine Kraft geht. Daß er sich deshalb in allem an Christus orientiert. An ihm kann ich erkennen, wie es in Wahrheit um den Menschen steht. Ich kann nur wahrhaftig nach außen sein, wenn ich weiß, wer und wozu ich bin. Das erfahre ich durch ihn.

Wahrheit ohne Liebe ist kalt

Viele tun sich etwas darauf zugute, wahrhaftiger zu leben als die Menschen früherer Zeiten. Unsere Zeitungen beispielsweise brechen alle Tabus und zerren auch das Unangenehmste ans Licht. „Was wahr ist, muß gesagt werden."

Stimmt das aber immer? Kann ich – oder noch schärfer: darf ich überhaupt immer die Wahrheit sagen? Gewiß, Lüge, Unwahrhaftigkeit sind nie etwas Gutes. Aber ist das Verschweigen der Wahrheit in jedem Fall Heuchelei? Beispiel: Ich bin eingeladen. Es wird ein höchst langweiliger Abend, obwohl die Gastgeber sich alle Mühe geben. Soll ich das aussprechen, nur weil ich es doch im Augenblick denke, und damit es das nächstemal besser wird? Ich würde aber damit verletzen. – Wir alle kennen das Problem, ob man einem Todkranken die Wahrheit über seinen Zustand sagen soll. Hat nicht der Kranke ein Recht darauf, voll über sich Bescheid zu wissen? Mancher würde dadurch bewußter dem Tod entgegengehen, noch vieles ordnen können; ein anderer aber würde vielleicht daran zerbrechen und vorzeitig jede Lebensenergie verlieren.

Im Epheserbrief (4,15) heißt es: Wir sollten wahrhaftig sein in Liebe. Liebe ohne Wahrheit ist blind. Wahrheit ohne Liebe aber ist kalt und kann tödlich sein.

Wie oft ist es heute in Familien so, daß man sich zwischen den Generationen hart die Wahrheit sagt. Nach dem Motto: Wenn's doch wahr ist. Oder mit dem Vorwurf: Die Wahrheit willst du ja nicht hören. Hier wird die Wahrheit zur Waffe, um den anderen zu verletzen und sich zu behaupten. Wahrheit kann auch Herrschsucht, Gewalttätigkeit oder Eitelkeit sein. Sie kann dann wie ein Keulenschlag wirken; was beim anderen übrigbleibt, ist Bitterkeit und Zerstörung.

Christus sagt: „Die Wahrheit wird euch frei machen." Und wie oft erfahren wir, daß ein rechtes Wort zur rechten Zeit – auch wenn es vielleicht weh tut – befreiend wirkt. Wir sagen dann: Gut, daß das einmal ausgesprochen wurde. Aber das ist immer nur dann der Fall, wenn Wahrheit und Respekt vor dem anderen zusammenkommen. Wenn ich mich in den anderen einfühle, es also „ehrlich" mit ihm meine. Wenn ich mich beim Sagen der Wahrheit nicht gehen lasse, nicht dem Zorn die Zügel schießen lasse. Denn wenn die Worte erst einmal ins Laufen kommen, verliere ich leicht die Herrschaft über sie und mich. Ich bin dann selbst nicht mehr frei und kann auch andere nicht befreien. Wo aber etwas nicht frei macht, ist es höchstens richtig, aber es ist niemals die Wahrheit, die Jesus meint (vgl. Röm 8,32).

Im Buch Ijob des Alten Testaments kommen die Freunde zu dem geschlagenen Ijob mit ihren Ratschlägen; aber auch mit ihren Vorwürfen. „Wahrscheinlich hast du dir das alles selbst zuzuschreiben. Gott ist gerecht. Du darfst nicht mit Gott rechten." Alles, was sie sagen, mag richtig sein. Aber ihre Worte gehen an der Not Ijobs vorbei. Ijob antwortet deshalb: „Wenn ihr nur schwieget. Als Weisheit würde es euch angerechnet." Und das Erstaunliche: Ijob wird von Gott bestätigt, die Freunde aber, die sich auf ihre klugen Wahrheiten etwas einbilden, werden getadelt. Manchmal kann ich im Schweigen die Wahrheit lernen und ihr näherkommen.

Sich selbst betrügen

Ich erinnere mich an einen Film, den ich vor Jahren gesehen habe. Er trug den Titel „Die sich selbst betrügen". Gibt es denn das, daß sich jemand selbst betrügt? In diesem Film ging es um junge Menschen, die ihr Leben auskosten wollten. Natürlich bei möglichst geringem persönlichem Einsatz. Die Treue zu einem Partner galt deshalb als überholtes Relikt einer Zeit, in der der Mensch zu kurz kam. Man fand sich zusammen, wie es sich gerade ergab, und jeder wußte vom anderen, daß von Dauer nicht die Rede sein konnte. Man „vernaschte sich", wie es da hieß. Es kam nur auf den augenblicklichen Lustgewinn an. Aber dann brach zwischen zwei jungen Menschen doch die „altmodische" Liebe auf, die Beständigkeit suchte. Zunächst von beiden verdrängt wie eine blamable Versuchung, die man sich und dem anderen nicht eingestand. Als man sich schließlich dazu bekennen wollte, war es zu spät. Sie hatten geglaubt, sie allein wüßten, was Leben heißt – und gerade sie verfehlten es. Sie hatten sich selbst betrogen.

Es gibt die Lüge, den Betrug sich selbst gegenüber. Das kleine Kind hält sich die Augen zu und täuscht sich damit vor, nicht gesehen zu werden. Manche Menschen wollen von unangenehmen, vielleicht illegalen Aktionen nicht informiert werden, um später sagen zu können, sie hätten nichts gewußt. Eltern täuschen sich oft über ihre Söhne und Töchter, halten sie noch für wahr und aufrichtig und schenken anderslautenden Tatsachen keinen Glauben. Kranke fragen nicht nach ihrem wirklichen Zustand, weil sie fürchten, es könne ihnen tatsächlich jemand die Wahrheit sagen. Und was ist es anderes als ein Selbstbetrug, wenn man über den Tod in keiner Gesellschaft reden darf? Ich kann mich und andere über die eigenen Fähigkeiten täuschen. Ich kann mich lange Zeit in Betriebsamkeit flüchten, um nicht über mich selbst nachdenken zu müssen, um nicht erfahren zu müssen, wie einsam, wie ziellos ich bin. Die meisten Verdrängungen stellen eine Art unbewußten Selbstbetrugs dar. Oft weiß ich ganz genau, daß ich dieses oder jenes nicht tun sollte ... und finde doch Gründe und Entschuldigungen dafür, daß ich es tue. Ich belüge mich selbst.

Hinter jedem Selbstbetrug steht die Angst vor der Wahrheit. Ist aber eine – noch so unangenehme – Wahrheit erst einmal klar, ist der Zustand meist nicht mehr so quälend wie die vorausgegangene Ungewißheit.

Für mich ist der Glaube eine Hilfe gegen die Gefahr des Selbstbetrugs. Der Glaube zeichnet kein utopisches Bild vom Menschen. Er kennt dessen Abgründe und Grenzen. Er zeigt auch die Möglichkeit, diese zu überwinden und immer neu zu beginnen.

Die Bibel sagt: „Hört das Wort nicht nur an, sondern handelt danach; sonst betrügt ihr euch selbst" (Jak 1,22). Selbst im Glauben kann ich mich also noch selbst betrügen.

Man fragt sich, wie es zu einem solchen Rückgang der Beichtpraxis in der katholischen Kirche kommen konnte. Gewöhnlich sieht man einen Grund darin, daß der heutige Mensch eine verstärkte Scheu vor der Selbstanklage, dem Bekenntnis habe. Vielleicht liegt diese Scheu aber noch tiefer: Wir scheuen auch vor der Selbsterkenntnis zurück. Das Bekenntnis ist oft bereits Hilfe und Befreiung; was durch die Tatsache belegt wird, daß die Sprechzimmer der Psychologen besetzt sind und Ärzte mehr und mehr auch für Gespräche zur Verfügung stehen müssen. Jeder möchte vor sich mit weißer Weste dastehen, sich selbst seine Schwächen nicht eingestehen. Wieder eine Form des versteckten Selbstbetrugs. Die Gefahr, ihm zu erliegen, wird um so geringer, je mehr ich mich nicht meinem eigenen Urteil überlasse, sondern über mich im Blick Gottes nachdenke und mich mit ihm über mich selbst bespreche. Das ist Gebet. Im Gebet kann ich mich nicht selbst betrügen. Man kommt dadurch zur Wahrheit über sich selbst. Ist das geschehen, fällt die Anklage in der Beichte nicht mehr schwer.

Für euch ist immer die rechte Zeit

Johannes 7, 6

Zeit —
ewige Zeit, immer gleich, unerbittlich fließende Zeit,
die keiner hat, die niemandem gehört und niemanden fragt.
Ohne Rücksicht geht sie und kehrt nicht zurück.
Sie zerrinnt zwischen den Händen wie Sand,
und ich lebe in ihr.

Ich —
mitten in der Zeit, bin die Uhr.
An mir selbst messe ich,
weiß, was die Stunde geschlagen hat.
Wenn ich in mich lausche, höre ich den ewig gleichen Schlag,
an dem mein Herz müde geworden ist.
Die Zeit hat meine Sehnsucht welk werden lassen,
und meine Träume hat sie in Ketten gelegt.
Ich sehe die Spuren,
die sie unbemerkt eingegraben hat in die welke Haut.
Sie hat die Linie der Falten gezeichnet,
leise und sanft hat sie mir das Haar gelichtet,
und meinen Rücken hat sie behutsam niedergebeugt.

Doch —
was sie mir fortgenommen hat,
hat sie mir überreich zurückgegeben.
Die Zeit ist leer geworden und mein Leben voll.
Und wenn der, der allein Herr über die Zeit ist,
das Glas zerbricht,
dann ist die Zeit ans Ende gekommen.
Doch alles, was sie mir ein Leben lang
wortlos geschenkt hat, das bleibt.
Und damit kann ich meine Ewigkeit überhaupt erst
anfangen.

Manfred Lay

Zeit nehmen

Gegen Krebs gibt es heute noch wenige wirksame Mittel. Nur frühzeitige Diagnose hilft. Unsere westliche Welt aber ist noch von einem anderen Krebsübel befallen, dessen Metastasen unser ganzes Leben bereits durchziehen: die besinnungslose Hetze. Wir sind gejagt vom Arbeitsprozeß, vom Tempo des heutigen Lebensrhythmus, wir werden getrieben von dem Streben nach Gewinn, Fortschritt, Sicherheit usw. Ob wir wollen oder nicht, wir müssen mit, wenn wir überleben wollen. Wer schlapp macht, scheidet aus; die Räder gehen über ihn hinweg. Es gibt nur den Weg nach vorne.

Keiner möchte das Rad zurückdrehen und die Errungenschaften preisgeben, die wir gewonnen haben. Es liegt etwas Faszinierendes in unserer schnellebigen Zeit. Es geht nur darum, daß ich dabei Mensch bleibe, daß ich mir nicht selbst davonlaufe, mich verliere. Alle Arbeit, aller Fortschritt, alles Tempo sind für den Menschen da, nicht umgekehrt. Es gilt, den Fortschritt voranzutreiben, aber ich darf nicht selbst der Getriebene, der Gejagte sein. In aller Ruhelosigkeit muß ein ruhender Pol sein. So wie das rollende Rad eine unbewegliche Mitte – die Achse – hat, so brauche ich in der Unrast die Ruhe in mir selbst, die schöpferische Pause. Jede Maschine wird überholt und gewartet, jedes Spiel hat seine Halbzeit, jedes Auto braucht seine Inspektion ... Nur ich wurstele immer weiter, ohne zu mir selbst zu kommen. Und dann wundere ich mich, daß ich in einen Zustand komme, wo ich geistig so weggetreten bin, daß ich mich nur noch unterhalten lassen kann; allenfalls lese ich noch ein Asphaltblatt oder führe banale Gespräche. Die Frage nach dem Sinn von allem ist dann schon Überforderung.

Wenn es so weit ist, haben wir bereits viel verloren. Wir brauchen Zeit für uns, niemand hat das Recht, sie uns zu stehlen. Etwa sechzehn Stunden täglich sind wir tätig. Eine halbe Stunde davon für uns, und es wäre viel gewonnen. Ob wir sechzehn Stunden oder fünfzehneinhalb tätig sind, darauf kommt es nicht so sehr an. Aber ob wir uns eine halbe Stunde auf das Wesentliche besinnen oder nicht, das wird über unser Leben entscheiden. Davon wird auch unsere Umgebung, ja selbst die Arbeit profitieren.

Besinnung, das heißt, wieder zum Sinn finden, zum Sinn des Lebens, der Arbeit und der Mühen. Das heißt auch, zu sich selber finden und dadurch auch zu Gott und den Menschen; denn in der Tiefe sind wir miteinander verknüpft. Ich habe es aber doch so eilig! Grund genug, daß ich mir Zeit nehme.

Von Jesus wissen wir, daß er manchmal nicht die Zeit zum Essen hatte, weil die Menschen ihn beanspruchten (Mk 3,20). Trotzdem können wir uns ihn nicht als einen gehetzten Menschen vorstellen.

Die Heilige Schrift berichtet (Mk 1,38), daß die Jünger einmal Christus den Vorwurf machten: „Alle fragen nach dir!" Er hatte sich die Zeit genommen, um mit Gott allein zu sein. Was tut's, wenn auch wir gelegentlich hören: „Alle fragen nach dir!" Die Menschen, die wir wegen dieser Minuten auf uns haben warten lassen, kommen deshalb nicht zu kurz. Im Gegenteil: Wir sind nachher offener für sie als aus der Hetze heraus.

Keine Zeit

Viele Briefe beginnen mit der immer wiederkehrenden Floskel: „Entschuldige bitte, daß ich erst heute schreibe, aber ...", und dann kommt so etwas wie „... viel Arbeit, keine Zeit gehabt ...".

Keine Zeit haben gehört fast zum guten Ton. Wir fühlen uns trotz aller Klage bei diesem Zeitmangel eigentlich recht wohl; er gibt uns das Bewußtsein, gebraucht zu werden, etwas zu leisten und entschuldigt uns andererseits von allem, was uns nicht so liegt, beispielsweise vom Briefeschreiben.

An sich ist nicht einzusehen, warum wir weniger Zeit haben sollten als frühere Zeiten, die keinen Acht-Stunden-Tag und keinen arbeitsfreien Samstag kannten. Gewiß, der Arbeitsrhythmus ist heute hektischer, unsere Nerven werden in dieser schnellen Zeit schneller verbraucht; wir sind vielseitiger interessiert und haben weit mehr Möglichkeiten der Unterhaltung und des Wissens als früher. Andererseits haben wir heute Maschinen, die uns Arbeit abnehmen und uns Zeit sparen helfen. Und doch verrinnt uns die Zeit unter der Hand. Die Rechnung geht also nicht auf, irgend etwas stimmt da nicht.

Ob der Grund für den Zeitmangel nicht tiefer liegt? Gewiß, manches können wir nicht ändern, und oftmals mag es wirklich so sein, daß wir in der Arbeit ersticken. Ob es aber nicht so ist, daß wir bisweilen gar keine Zeit haben wollen? Daß wir uns darum ständig zwischen zwei Extremen bewegen – dem Zeitmangel, über den wir uns beklagen und den wir doch kultivieren einerseits – und dem „Zeitvertreiben" oder „Zeit-totschlagen" andererseits, sobald uns dann doch einmal eine freie Stunde in den Schoß fällt. Das Wort ist entlarvend: die vorher angeblich so ersehnte Zeit wird nun „vertrieben".

Damit wir nur nicht zu uns selbst kommen! Denn weit schrecklicher als Zeitmangel erscheint uns die Muße, in der wir plötzlich mit uns allein sind und mit uns nichts anzufangen wissen. In unbewußter

Abwehr empfinden wir sie dann als Leere; denn wollten wir sie füllen, würden wir möglicherweise merken, daß Beschäftigung und Arbeit nicht der einzige Sinn des Lebens sein können, ebenso wenig wie Freizeitgestaltung und Hobby. Wir würden dann unweigerlich tiefere Dimensionen entdecken und müßten uns Gedanken machen über Sinn und Ziel dieses Lebens. Darum: es erst gar nicht so weit kommen lassen; wer weiß, vielleicht träfen wir, wenn wir so mit uns ganz allein wären, in unserem tiefsten Innern sogar auf Gott, und das würde wiederum Konsequenzen für unser Leben fordern.

Ich sage das alles genauso zu mir selbst. Wir alle sind in diesem Teufelskreis gefangen und in der Versuchung, vor uns selbst zu fliehen. Wir müssen es uns aber immer wieder sagen und auf die Gefahr hinweisen, damit uns bewußt wird, wie sehr wir das Köstlichste verlieren können. Denn mag ein Mensch noch so reich sein, wenn einer keine Zeit hat, keine Zeit für sich, ist er im Grunde dennoch arm.

Es kann nur darum gehen, die Zeit zu gewinnen. Zeitvertreib wäre Verschwendung. Zeitmangel aber bedeutet Blindheit für die kostbarsten Möglichkeiten. Paulus sagt: „Erkaufet die Zeit (... seid nicht unverständig, sondern lernt einsehen, was der Wille des Herrn ist – Eph 5,15 ff)". Den Willen des Herrn suchen heißt also offenbar, die Zeit nützen.

Zeit haben

Es ist etwas Eigenartiges mit der Zeit. Man kann sie nicht selbst sehen, man kann nur ihre Spuren sehen: Die Kinder werden älter, die Blumen verblühen, die Tage werden kürzer, Gelegenheiten kommen nicht wieder.

Wir alle sind – wie man so sagt – Kinder unserer Zeit. Sosehr die Zeit etwas Konstantes ist – eine Stunde hat immer die gleiche Dauer –, so sehr hat jeder Mensch ein anderes Verhältnis zur Zeit. Der eine redet von bösen, von ernsten Zeiten, während der andere gerade rosige Zeiten erlebt. Dem einen fehlt es nie an Zeit, der andere hat immer keine Zeit. Das Kind lebt zeitlos, ihm sind drei Tage eine Ewigkeit; für den Erwachsenen läuft die Zeit scheinbar immer schneller, da ist im Nu ein Jahr vorüber. Wer nachts nicht schlafen kann oder Schmerzen hat, dem scheint die Zeit stillzustehen; wer Feste feiert, Urlaub macht, wer Abschied nehmen muß, wer den Tag mit seiner Braut verbringt, dem zerrinnen die Stunden viel zu schnell.

Nachrichten von gestern sind heute schon uralt, eben „von gestern". Ein Mensch aber, der gestern zur Welt kam, ist heute noch nicht alt, denn er ist nicht für einen Tag gemacht wie die Nachrichten, sondern für die Ewigkeit. Er hat ein ganz anderes Verhältnis zur Zeit.

Gar manche möchten ständig zeitgemäß, up-to-date sein, rennen darum ständig der Zeit nach und sind gerade deshalb meist von gestern. Ältere Menschen haben diesen Ehrgeiz nicht mehr, sie sind unabhängiger von der Zeit. Sie sind überzeitlicher und darum eigentlich viel zeitgemäßer. Der Christ – oder sagen wir allgemeiner – der Gläubige hat ein anderes Verhältnis zur Zeit als der, dem dieses irdische Leben alles ist. Wem diese Lebensstrecke nur einen kleinen Ausschnitt bedeutet, der in die Ewigkeit einmündet, der wird in dem Sinn „die Zeit nutzen", wie es die Heilige Schrift fordert. Er wird deshalb nicht in der hektischen Angst leben, in jeden Moment hineinpacken

174

zu müssen, was immer geht. Er wird nicht um jede Minute geizen in dem Gedanken „Morgen sind wir tot".

Es gilt, Tag für Tag darauf bedacht zu sein, was gerade jetzt „an der Zeit ist". „Für jedes Geschehen gibt es eine bestimmte Zeit: eine Zeit zum Gebären und eine Zeit zum Sterben, eine Zeit zum Pflanzen und eine Zeit zum Abernten ... eine Zeit zum Weinen und eine Zeit für den Tanz ..." (vgl. Koh 3,1 ff). Nicht das Horoskop sagt uns, was gerade zu tun ist, was jetzt „an der Zeit" ist, sondern allein das Gewissen. Es wird dazu aber nur fähig, wenn es die Zeit im Licht der Ewigkeit mißt, alles gleichsam vom Ende der Zeit, vom Ziel her sieht. Dann erst bekommt jeder Augenblick seinen richtigen Stellenwert und wird nicht über- oder unterbewertet. Alle Menschen beklagen sich, sie hätten keine Zeit. Man hat immer Zeit, das zu tun, was Gott uns zu tun gibt. Aber: ich muß in allen Augenblicken, die er uns anbietet, ganz dabeisein – und: Er muß dabeisein.

Zeit und Ewigkeit

„Wir haben keine Zeit", sagen viele Menschen. Eigentlich stimmt das erst, wenn jemand ans Ende seiner Tage gekommen ist. Dann ist seine Zeit wirklich ausgeschöpft, sie ist um. Sonderbarerweise aber ist es so, daß dann die meisten, die nie Zeit hatten, auf einmal Zeit haben: Die Arbeit läuft auch ohne sie, und vor allem das, was sie nun erwartet, eilt ihnen nicht. Sie möchten es sogar hinausschieben, aber das geht nicht. Jetzt haben sie nämlich wirklich keine Zeit mehr.

Wenn jemand stirbt, so sagt man, er habe „das Zeitliche gesegnet". Das heißt doch, er hat den Ablauf seines Lebens und auch dessen Ende gutgeheißen, er hat sein Ja dazu gesprochen. Durch das gute Ende seiner Zeitlichkeit bekommt alles, was er je erlebt hat – auch sein Versagen – ein positives Vorzeichen. Ende gut, alles gut!

Der Christ wird darum seine ganze ihm zugemessene Zeit vom Ziel, vom Ende her sehen und werten. Er weiß, daß das eigentliche Leben erst kommt und daß alle Zeit einst einmünden wird in die Ewigkeit. In diesem Sinne arbeitet die Zeit für ihn, das heißt, sie bringt ihn jeden Augenblick diesem Ziel näher. Er wird deshalb bereits für diese Ewigkeit vorsorgen, sich Schätze im Himmel sammeln, die nicht mit der Zeit untergehen, sondern Bestand haben. Der Gläubige weiß auch, daß die Zeit einen Herrn hat und daß ihr Ziel ist, bei Gott anzulangen. Darum wird er auch schon zeitlebens seine Zeitlichkeit segnen, das heißt in den Dienst Gottes stellen, alles auf Gott ausrichten, Zeit für Gott aussparen, für Gebet und Gottesdienst, vor allem zu den „heiligen Zeiten", wie man so sagt, also beispielsweise an den Sonn- und Feiertagen. Er weiß, die Zeit, die er zur Verfügung hat, ist ein Lehen. Darum bringt er im Gottesdienst, selbst wenn ihn momentan innerlich nichts dazu drängt, seine Zeit Gott dar; er entzieht einen Teil der ihm zur Verfügung stehenden Zeit dem profanen Gebrauch und stellt sie und sich in den Dienst Gottes.

Wir haben immer keine Zeit. Aber wenn einer gestorben ist, beten wir für seine „ewige Ruhe". Welche Gegensätzlichkeit! Nicht als ob die kommende Welt Untätigkeit bedeutete, etwa einem Schlaf ähnlich sei. Aber die Ewigkeit kennt keine Zeitabfolge mehr, sie ist ständige Gegenwart, darum könnte man paradoxerweise sagen: Dort hat man viel Zeit, ewige Ruhe.

Denn die Zeit ist es, die uns hier so jagt. Aber es kommt etwas von der ewigen Ruhe in diese Zeitlichkeit hinein, wenn wir sie im Lichte der Ewigkeit sehen. Dann wird so vieles unwichtig, was uns bisher so hektisch jagte, und anderes rückt nach vorn. Wir kommen zu einer inneren Gelassenheit und Entspannung, weil wir erfahren, daß nur eines notwendig ist, nämlich zu erkennen, was Gott in jedem Augenblick unserer Erdenzeit von uns will.

Urlaub

Jeder von uns hat Zeiten der Entspannung und Erholung nötig. Es ist einiges notwendig, daß ein Mensch sich erholt. Eines aber muß immer dazukommen, sonst bleibt Erholung aus. Der Arzt rät: Schalten Sie einmal völlig ab. Kommen Sie einmal zu sich selbst.

Zu sich selbst kommen, also sich zurückholen aus den vielen Außenbezirken in die Personmitte, das ist es. Nicht im Sinne einer Flucht vor der Wirklichkeit und dem Alltäglichen. Aber diese Wirklichkeit ist größer als der eine Quadratmeter meines Schreibtisches oder der Ärger mit dem Chef. Unsere Gedanken sind oft auf einen ganz engen Ausschnitt der Wirklichkeit fixiert. Dadurch wird vieles andere übersehen. Wenn ich zu mir selbst komme, gewinne ich Distanz zu meinem Alltag, und das bedeutet Freiheit. Das löst Verkrampfungen und macht mich dann schließlich sogar fähiger für die Anforderungen des Berufes.

Wie aber komme ich zu mir selbst? Entscheidend ist, daß ich zunächst einmal leer werde von aller Hetze und Planung. Erst wenn meine Aktivität zurücktritt, wenn ich nicht ständig etwas vorhabe, sondern einfach absichtslos nur da bin, fast passiv die Ereignisse auf mich zukommen lasse, erst dann beginnen die Dinge um mich herum aktiv zu werden und zu mir zu sprechen: das Wasser, der Baum, der Berg, die Menschen ... Wenn ich zu mir selbst komme, dann kommen die besinnlichen Kräfte in mir zur Geltung. Sie sind genauso wichtig wie das Atmen, das Denken und das Essen.

Abspannung besteht darin, daß wir immer nur unseren Kopf strapazieren, daß aber die Kräfte, die aus der Personmitte kommen, verkümmern. Daß wir vieles erkennen und erforschen, nur nicht die Tiefe in uns selbst. Warum wächst heute das Interesse an Yoga und Meditation so stark? Warum sind derartige Kurse ständig ausgebucht? Weil wir instinktiv spüren, was uns fehlt.

Wenn wir körperlich und geistig zur Ruhe kommen, dann kann es gelingen, die Dinge um uns herum mit anderen Augen zu sehen, durch sie hindurchzuschauen. Alles, was wir sehen, kann uns ansprechen. Texte, die wir lesen, werden uns etwas sagen. Worte der Heiligen Schrift, die uns nie etwas bedeutet haben, sind auf einmal voller Anregung. Mancher wird nach langer Zeit wieder einmal beten können. Wie gesagt, wir werden dadurch nicht untüchtig für die Arbeit, die auf uns wartet, im Gegenteil. Von Christus wissen wir, daß er ganze Wochen in der Wüste verbrachte, um zu sich und zu Gott zu finden. Und er war wie kein anderer für die Menschen da.

Abschalten, Erholung, zu sich selbst kommen, um nachher um so besser funktionieren zu können? Wieder mehr Streß verkraften zu können? Nein, um wieder wesentlicher Mensch zu werden. Wir gewinnen damit mehr als einen Monatslohn. In einem Pfingstgebet heißt es: „In der Unrast schenkst du Ruh', hauchst in Hitze Kühlung zu. Wärme du, was kalt und hart, löse, was in sich erstarrt." Glaube und Gebet können wie nichts anderes dazu verhelfen, zu sich selbst zu kommen.

Keine Zeit zum Zeithaben

Wir brauchen die Zeit, um unser tägliches Brot zu verdienen. Und wenn es verdient ist, soll auch die Butter und der Belag darauf, und schließlich soll der Bohnenkaffee dazukommen. Wie kann man da erwarten, daß noch Zeit bleibt, das Verdiente in Ruhe zu sich zu nehmen? Wo denken Sie hin! Die Liegecouch soll noch angeschafft werden. Zum Liegen? Aber nein, dafür ist doch keine Zeit. Jetzt brauchen wir ... So geht das immer weiter.

Wir haben uns vermutlich alle schon Gedanken über diesen Teufelskreis gemacht und kommen doch nicht heraus. Wir meinen, dies oder jenes zu gebrauchen, um dies oder jenes Brauchbare anzuschaffen. Der Satz ist so kompliziert wie die Sache selbst. In Kurzfassung: Was nützen mir die schönsten Dinge, wenn ich keine Zeit habe, sie zu benützen?

Manchmal aber werden wir nachdenklich: wenn plötzlich jemand im besten Alter neben uns auf der Nase liegt. Für zehn Minuten sind wir erschüttert, aber es ändert sich nichts. Kürzlich sagte mir ein Geschäftsmann: „Ich habe einen verlockenden Auftrag abgelehnt. Ich hätte dazu meinen Betrieb vergrößern müssen. Aber das hieße, daß ich nicht mehr Herr über meine Arbeit wäre. Mir reicht's, wir kommen aus." Der hat vielleicht gut reden, ihm reichte es. Aber auch er hätte zweifellso mehr brauchen können.

Betrügen wir uns nicht manchmal selbst um unser Leben? Wir leben ungesund, unmenschlich. In der Begrenzung läge die Weisheit. Die Gier ist ein schlechter Berater; sie nimmt die Freude an dem, was man hat, weil sie ständig nach dem unterwegs ist, was wir noch nicht haben. Von der Begierde zum Genuß und vom Genuß zu neuer Begierde. Das wußte schon Diogenes in seiner Tonne. Weiter aber führt uns Christus. Es gilt nicht nur, die Fähigkeit zu behalten, sich des Besitzes zu erfreuen, sondern Zeit für sich selbst zu haben, den Sinn und das Ziel des Lebens im Auge zu behalten. Und das ist mehr als Besitz.

Christus sagt: „Ist das Leben nicht mehr als die Nahrung?" (Mt 6, 25). Mehr auch als das, was wir besitzen? Erst wenn ich das erfahren habe, verstehe ich zu leben.

Zeit zu verschenken

Viele Menschen haben Angst vor dem Älterwerden. Ich gestehe, daß ich gelegentlich auch mit einem gewissen Erschrecken feststelle, wie schnell wieder ein Monat, ein Jahr vergangen ist. Die Zeit scheint immer kürzer zu werden, je älter ich werde.

Ein Gespräch mit einem an Krebs Operierten hat mich sehr beeindruckt. Die Operation liegt etwa zwei Jahre zurück. Er sagte: „Ich bin keineswegs traurig, daß ich jeden Tag älter werde. Ich habe keine Angst, nur noch kurze Zeit vor mir zu haben. Jeder Tag ist für mich zu einer langen Zeit geworden, für die ich dankbar bin. Ich bin stolz auf jeden Tag, den ich älter werde."

Man muß wohl mit der Möglichkeit gerechnet haben, daß einem nur noch Wochen zur Verfügung stehen, um jeden Tag als eine lange und kostbare Zeit zu erleben. Im Angesicht der Ewigkeit verliert offenbar unser irdisches Zeitmaß an Bedeutung. Aber selbst in unserem Zeitempfinden sind lange Zeit und kurze Zeit sehr relative Begriffe. Die gleiche Zeit in nervösem Warten auf den fälligen Bus zugebracht, scheint sehr viel länger, als wenn sie in einem angenehmen Gespräch, in angenehmer Gesellschaft vergeht. Noch länger werden schlaflose oder schmerzhafte Nächte. Wenn mir eine dringende Arbeit, eine Begegnung lästig ist, meine ich oft, keine Zeit dafür zu haben. Wenn ich mich aber auf eine Sache, ein Treffen freue, dann scheint manchmal eine „wunderbare Zeitvermehrung" stattzufinden, die das scheinbar Unmögliche möglich macht.

Was macht einen Augenblick lang? Wenn ich nicht schaue auf das, was ich möglicherweise noch vor mir habe, sondern den Augenblick voll und bewußt lebe. Wer so lebt, hat Zeit genug, um davon verschenken zu können. Das wurde mir in jenem Gespräch bewußt. Mir wurde Zeit geschenkt, aber noch mehr als das! Jener Kranke sagte nämlich noch etwas: „Als ich zu meinem Zustand ja sagen konnte, damit ausgesöhnt war, gar nicht mehr mit meinen Gedanken um mich kreiste, sondern mich fallen lassen konnte, wurde alles erträglich. Ja, ich hatte auf einmal keine Schmerzen mehr."

Die Zeit loslassen und das Leben loslassen, das ist im Grunde offenbar dasselbe. Beides ist uns geschenkt. Und wer beides weiterschenkt, gewinnt es zurück. Er ist frei von sich und frei für andere. Das Bibelwort „Wer sein Leben verliert, gewinnt es" (vgl. Mt 10,39) könnte man umdeuten: Wer seine Zeit verschenkt, gewinnt sie. Im Glauben weiß ich: Nicht nur ein bißchen Zeit wird dabei gewonnen, sondern Ewigkeit. Und nicht nur ein bißchen längeres Leben wird dabei gewonnen, sondern ewiges Leben. Leben also, das keine vergehende Zeit mehr kennt, sondern nur noch ein immerwährendes Heute.

Papa im Mülleimer

Da nahm sich irgendwo ein Vater nach längerer Zeit wieder einmal die Zeit, um mit der dreijährigen Tochter zu plaudern. Er erkundigte sich eingehend nach jedem Puppenkind, erfuhr, daß zwei der Puppen Halsentzündung hätten und das Bett hüten müßten, daß der Arzt kommen werde usw. Die Puppenmutter stöhnte nur so vor Verantwortung und Sorge, die sie offenbar den Eltern abgeschaut hatte. Schließlich erkundigte sich der Vater auch nach dem Papa der Puppenbabies. Wo der denn sei – wo doch die Kinder so krank sind.

„Der Papa, den habe ich in den Mülleimer gewerft", war die unerwartete Antwort. „In den Mülleimer geworfen – wie schrecklich, man darf doch einen Papa nicht einfach in den Mülleimer werfen! Warum hast du denn das gemacht?" – „Weil er doch nie da ist, und wenn er da ist, sitzt er an seinem Schreibtisch und will nicht gestört sein, sonst schreit er. Nun habe ich ihn in den Mülleimer gewerft!" – „Ja, und die Kinder müssen nun ganz ohne Papa leben, das ist doch traurig", wagte der Vater noch einzuwenden. „Ach", meinte die Kleine, „das ist nicht so schlimm; es ist jetzt ein neuer Papa da, der ist lieb." – Der leibhaftige Vater wußte zum Glück zu schalten. Er übernahm – vorerst in Vertretung – die Rolle des erwarteten Doktors, untersuchte die Puppenkinder, sprach sehr ernst mit der Puppenmutter und verschrieb dann Schokolade, die er selbst zu besorgen versprach. Wer weiß, vielleicht bekommt der neue Puppenvater demnächst noch seinen Vornamen. Er wäre mächtig stolz darauf. Vielleicht wird auch der alte noch wieder aus der Mülltonne herausgefischt. Kinder sind manchmal die besseren Pädagogen. Auch ein Kind kann uns sagen, was Gott von uns erwartet. Vielfach wird es einfach das sein, was Menschen von uns erwarten.

Ich las einmal, daß die Glieder einer bundesdeutschen Familie an Werktagen durchschnittlich 46,5 Minuten füreinander Zeit haben. Gewiß, man sitzt auch noch beim Essen zusammen, aber da ist jeder mit sich und seinem Teller beschäftigt. Man sitzt auch über die 46 Minuten hinaus zu zweit oder zu dritt beisammen – etwa beim Fernsehen –, aber da kommt es zu keinem wirklichen Kontakt. Jugendliche vor allem empfinden die gähnende Leere der Abende zu Hause ganz besonders und fliehen hinaus, weil „doch nichts los ist". Sie suchen anderswo Kontakt, ohne freilich selbst dazu beizutragen, daß zu Hause ein Gespräch zustande kommt.

Wenn wir Christen davon reden, daß Gott zu uns spricht, daß er uns seinen Willen zeigen möge, so denken wir meist an außergewöhnliche Ereignisse und Hinweise. Nein – Gott spricht zu uns durch die Dinge und Menschen, mit denen er uns zusammenführt. Warum nicht auch durch ein Kind? Und warum nicht heute?

Vorbei

Ständig ist etwas vorbei. Das will sagen, daß etwas, das vorher bei mir war, nicht mehr ist: ein Tag, eine Woche, ein Fest, ein Urlaub ... Diese Dinge sind vorbei. Sie leben allenfalls noch in der Erinnerung. Aber sie werden so, wie sie waren, nie mehr wiederkehren. Wie schnell wird auch dieses Jahr vorbei sein!

Verständlich, daß wir versucht sind, die Zeit auszufüllen. Die einen mit Arbeit und immer neuen Aufgaben; die anderen mit Erlebnissen: Reisen, Besichtigungen, Kunst, Sensationen. Wenn die Zeit schon nicht zu halten ist, dann soll sie ausgefüllt sein. Aber je mehr wir sie ausfüllen, um so flüchtiger wird sie. Vielleicht erleben ältere Menschen deshalb die Vergänglichkeit der Zeit so viel stärker als Kinder, weil ihre Zeit so ausgefüllt, so verplant ist.

Gibt es überhaupt eine Überwindung der Vergänglichkeit? Sicher nicht dadurch, daß wir die Zeit stillstehen lassen könnten. Aber auch nicht dadurch, daß wir sie vollpacken, nur um nicht zum Nachdenken über die Vergänglichkeit zu kommen. Das Bleibende ist in anderer Richtung zu suchen. Das, was auch dann noch bleibt, wenn eine Zeit, ein Tun vorbei ist, das ist der Sinn meines Tuns. Ich kann z. B. eine Arbeit rasch erledigen, um sie hinter mich zu bringen. Ist sie vorbei, dann ist sie es aber auch ganz und gar. Sehe ich aber meine Arbeit im Hinblick auf ein Ziel oder gar auf Menschen, für die ich sie tue, dann hört sie zwar auch irgendwann auf, aber ihr Sinn bleibt: die Tatsache, daß ich einem anderen geholfen habe; ihm Freude geschenkt habe; ihm nähergekommen bin; daß ich auch mir selbst dadurch nähergekommen bin. Weil ich nämlich dem Willen Gottes, der den anderen und mich bejaht, nähergekommen bin. Und dieser Wille Gottes geht nie vorbei. Er ist in meinem ganzen Leben gegenwärtig und prägt es. Deshalb gilt, was die Schrift sagt: „Und ihre Werke begleiten sie" (Offb 14,13). Sie behalten bleibende Bedeutung.

Nur so wird das, was vorbei ist, Gegenwart und sogar auch Zukunft. Nur so aber kann ich in Gottes Namen vieles tatsächlich vorbei sein lassen. Ich kann nicht alles festhalten, und ich brauche es auch gar nicht. Vieles lohnt das Festhalten nicht einmal. Was lohnt und was Dauer inmitten aller Vergänglichkeit gibt, ist das, was in Beziehung zur Ewigkeit steht, die von Gott her kommt. Und dazu gehört vielleicht all das, wo ich gerade nicht versucht habe, mich selbst und meine Zeit festzuhalten.

Drei Steinklopfer, die die gleiche Arbeit verrichteten, wurden gefragt, was sie da täten. Der erste: Das siehst du doch, ich klopfe Steine. Der zweite: Ich arbeite, um meine Familie zu ernähren. Der dritte: Ich baue ein Haus, damit Menschen ein Dach über dem Kopf haben.

Das gleiche tun bedeutet noch lange nicht das gleiche. Steine klopfen ist ein Tun, das vorbei ist, sobald ich den Hammer fallen lasse. Ein Haus bauen, Menschen helfen aber ist ein Tun auf ein Ziel, auf Zukunft hin. Und das behält seinen Sinn, wenn die Zeit des Bauens längst vorbei ist. Das Haus wird dann erst bewohnbar. – Ja, es gibt eine Überwindung der Vergänglichkeit. Sie ist aber erst dann eigentlich erreicht, wenn das, was meine Zeit füllt, auch vor Gott Bedeutung und deshalb Bestand hat.

Herbstanfang

Herbstanfang! Ein Datum, das viele Menschen mit Wehmut erfüllt. Erkenntnis, daß der Sommer vorüber ist. Es gibt mancherlei Daten, die in besonderer Weise daran erinnern, daß etwas vorüber ist: ein Jahreswechsel, ein runder Geburtstag, die Pensionierung ... Aber immer, wenn etwas vorüber ist, beginnt auch etwas Neues. Manche lieben den Herbst. Und sie haben gute Gründe dafür: Die Witterung ist meist verläßlich und ausgeglichen; die Natur zeigt sich in der schönsten Farbenpracht; die Ernte sichert uns wieder das Lebensnotwendige für einen langen Winter. – Andere aber sehen das genau umgekehrt: Für sie beginnt mit dem Herbst bereits der ungeliebte Winter. Schon jetzt denken sie an die kurzen Tage, an den teuren Hausbrand, an spiegelglatte Straßen, an Erkältungskrankheiten. Und den Älteren graust davor, daß sie vielleicht wochenlang kaum aus dem Haus kommen.

Zwei grundverschiedene Lebenseinstellungen. An beiden Ansichten ist etwas Richtiges. Sobald aber nur eine gesehen wird, wird die Sicht einseitig. Meist schlägt diese Einseitigkeit in allen Bereichen durch. Wir sagen, dieser Mensch hat eine pessimistische, jener eine optimistische Lebenseinstellung.

Das wird besonders deutlich, wenn der Mensch in den Herbst seines Lebens eintritt. Das beginnt für viele, wenn sie aus dem Berufsleben ausscheiden. Mancher lebt dann noch einmal richtig auf, andere sehen dann nur noch das herannahende Ende. Und dann naht es für diese Menschen auch wirklich schneller, als es sein müßte. Natürlich wird jeder Vorsorge für das Alter treffen. Aber mit ständigem Grübeln, wie alles einmal kommen wird, nehmen wir uns die Freude für den Augenblick und führen um so schneller herbei, wovor wir bangen. Das gilt auch für viele Menschen in jüngeren Jahren: Sie bangen vor allem, was vor ihnen liegt.

Es hat keinen Zweck, sich auszudenken, was die Zukunft alles an schrecklichen Möglichkeiten bringen könnte: Krankheit, Siechtum. Manche entwickeln geradezu eine Fertigkeit darin, geistig durchzuspielen, ob sie mögliche Belastungen und Probleme durchhalten werden. Solche Gedanken sollte man verjagen wie einen böswilligen Angreifer. Die Bibel sagt: „Sorgt euch nicht um morgen; denn der morgige Tag wird für sich selber sorgen. Jeder Tag hat genug eigene Plage" (Mt 6,34). Da wird die Plage, die kommen kann, nicht geleugnet. Aber es wird gesagt, daß jeder Tag für sich sorgt. Das heißt: mit den Belastungen wachsen auch die Kräfte. Das ist eine Erfahrungstatsache. Daß ich mir im Sommer meines Lebens die Beschwernisse des Alters noch nicht zutraue, ist völlig verständlich. Jetzt bin ich tatsächlich dafür noch nicht gerüstet. Wir haben immer nur soviel Kraft, wie wir im Augenblick brauchen. Vielleicht soll mir dadurch bewußt werden, daß meine eigenen Kräfte allein ohnedies nicht ausreichen, daß aber einer da ist, der im Augenblick, wo es nötig ist, Kraft gibt. Ich wundere mich heute noch, wie ich so manche Strapaze im Krieg physisch und psychisch durchgestanden habe. Heute würde ich mir das nicht mehr zutrauen. Damals hatte ich die Kraft. Ganz gewiß nicht allein aus mir. Und ich verlasse mich darauf, daß ich sie auch wieder haben werde, wenn die Zukunft Belastungen bringt, die ich mir heute noch nicht vorstellen kann. Ich habe das bisher erfahren, ich rechne auch für die Zukunft damit. Und hoffe auch, daß, wenn der Herbst meines Lebens sich dem Ende zuneigt, mir Kräfte wachsen, die ich jetzt noch gar nicht brauche. Weil ich an Gott glaube, „der immer da ist" (Ex 3,14). Für mich da ist.

Von der Zukunft leben

Die meisten Menschen fotografieren. Das „geschossene" Bild ist zunächst Erinnerung. Aber es ist mehr: Es hält die Zeit fest. Deswegen sagen wir: Dies oder jenes müssen wir unbedingt im Bild festhalten. Natürlich sind es nur die schönen Augenblicke, die wir auf diese Weise festhalten möchten. Bilder des Leides nimmt allenfalls der Pressefotograf auf. Er will dokumentieren, aber niemand wird diese Bilder aufbewahren.

Die Zeit, ein Ereignis festhalten! Dahinter steht etwas tief Menschliches. Geht das überhaupt? Manche sagen, das einzig Realistische sei die Gegenwart. Ich finde, die Gegenwart ist von allen Zeiten, die wir denken können, die flüchtigste. Indem ich den Augenblick denke, ist er schon vorüber. Die Gegenwart gibt es also immer nur wie einen Punkt. Wir „haben" sie nicht. – Da sind wir mit der Vergangenheit schon besser dran. Sie ist zwar auch vorüber. Aber was eben noch Gegenwart war, lebt als Vergangenheit in der Erinnerung weiter. Das heißt: in unserem Innern. Indem wir es verinnerlichen, bekommt es bleibende Bedeutung. Aber leben kann man von Erinnerungen auch nicht.

Wir können also eigentlich nur auf Zukunft hin leben. Zukunft ist das einzige, womit wir realistisch rechnen können. Aber gleichzeitig ist die Zukunft dunkel, wir können das Zukünftige nur erhoffen. Wenn ein Mensch von seiner Zukunft nichts mehr erhofft, oder wo die Zukunft für ihn düster und unheilvoll ist, befällt ihn Verzweiflung. Wir müssen immer etwas vor uns haben, auf das hin es sich zu leben lohnt; sonst verkümmern wir. Wir schaffen uns selbst darum immer wieder Ziele, auf die wir uns freuen können: Feste, Urlaube, Begegnungen, Geschenke. Je älter der Mensch wird, um so skeptischer wird er auch der Zukunft gegenüber. Die Zukunft, die er noch vor sich hat, wird ja nicht nur immer kleiner, sie bietet ihm in der Regel auch immer weniger. Aber wovon leben, wenn die Zukunft nichts

Hoffnungsvolles zu bieten hat? Es gibt nur eins: die Zukunft auszuweiten. Die Hoffnung weiter zu spannen – über diese Zeitlichkeit hinaus. Das, was wir als absehbare Zeitspanne vor uns haben, ist eben nicht alles. Wir haben Zukunft über den Tod hinaus. Gott selbst ist unsere Zukunft (vgl. 1 Petr 1,21). Das ist nicht Vertröstung auf später. Zukunft und Hoffnung sind in der Gegenwart wirksam und wirken sich darin aus. Sind sie erfüllt, haben sie aufgehört. Ihre Wirkung liegt im Zuvor, im Heute. Darum kann der Gott der Hoffnung uns jetzt mit Freude und Frieden erfüllen (vgl. Röm 15,13). Wir leben von der Hoffnung auf Zukunft.

Bücher, die neuen Lebensmut geben
Bischof Georg Moser im Verlag Herder

„Nicht arrogant, nicht im Vollbesitz der Wahrheit,
nicht anbiedernd geschrieben."
Prof. Klemens Richter in *pax christi*

Ich bin geborgen
Worte der Zuversicht
11. Auflage 1983 (Sonderausgabe), 144 Seiten
ISBN 3-451-19986-6

Wie finde ich zum Sinn des Lebens?
6. Auflage 1981, 144 Seiten
ISBN 3-451-18268-8

Was die Welt verändert
3. Auflage 1982, 150 Seiten
ISBN 3-451-19173-3

Auf dem Weg zu mir selbst
6. Auflage 1983, 64 Seiten
ISBN 3-451-19694-8